龙凤呈祥

中国俗文化丛书

丛书主编 高占祥

王静芳 吴存浩 著

山东教育出版社

U0745465

图书在版编目(CIP)数据

龙凤呈祥/王静芳,吴存浩著. —济南:山东教育出版社,2016

(中国俗文化丛书/高占祥主编)

ISBN 978-7-5328-9299-0

Ⅰ.①龙… Ⅱ.①王… ②吴… Ⅲ.①图腾—文化—中国 Ⅳ.①B933

中国版本图书馆 CIP 数据核字(2016)第 052103 号

中国俗文化丛书　　高占祥　主编

龙凤呈祥

王静芳　吴存浩　著

出 版 人：刘东杰

出版发行：山东教育出版社

　　　　　(济南市纬一路 321 号　邮编：250001)

电　　话：(0531)82092664　传真：(0531)82092625

网　　址：www.sjs.com.cn

发 行 者：山东教育出版社

印　　刷：山东临沂新华印刷物流集团有限责任公司

版　　次：2017 年 2 月第 1 版第 1 次印刷

规　　格：787mm×1092mm　32 开本

印　　张：8.25 印张

印　　数：1—3000

插　　页：4 插页

字　　数：120 千字

书　　号：ISBN 978-7-5328-9299-0

定　　价：21.00 元

(如印装质量有问题，请与印刷厂联系调换)

印厂电话：0539-2925659

图1　龙凤呈祥

图2　天安门前华表之龙雕

图3　石柱雕凤

图4　九龙壁九龙之一（清）

图5
保和殿北面御路（清）

图6 双柱龙图

图7 孔庙大成殿蟠龙石柱

图8　康熙龙袍（清）

图9
鸾凤牡丹图（明）

图10　凤图（元）

图11　上八仙庆寿图（局部·明）

中国俗文化丛书

主　　编：高占祥
执行主编：于占德
副主编：于培杰
　　　　　叶　涛
　　　　　刘德增

序

　　在中华民族光辉而悠久的历史传统文化中，俗文化占有十分重要的地位。它不仅是雅文化不可缺少的伴侣，而且具有自身独立的社会价值。它在中华民族的发展历程中，与雅文化一起描绘着中华民族的形象，铸造着中华民族的灵魂。而在其表现形态上，俗文化则更显露出新鲜、明朗、生动、活跃的气质。它像一面镜子，折射出一个民族、一个地区的风土人情和生活百态。从这个角度看，进一步挖掘、整理和发扬俗文化是文化建设的一项战略任务。

　　俗文化，俗而不厌，雅美而宜人。不论是具体可感的器物，还是抽象的礼俗，读者都可以从中看出，千百年来，我们的祖先是在怎样的匠心独运中创造出如此灿烂的文化。我们好像触到了他们纯正的品格，听到了他们润物的声情，看到了他们精湛的技艺。他们那巧夺天工的种种创造，对今人是一种启迪；他们那健康而奇妙的审美追求，对后人是一种熏陶。我们不但可以从这辉煌的民族文化中窥见自己的过去，而且可以从中展望美好的明天。

俗文化，无处不在，丰富而多彩。中华民族历史悠久，地大物博，人口众多，在长期的生活积淀中，许多行为，众多器物，约定俗成，精益求精，形成系列，构成体系，展示出丰厚的文化氛围。如饮食、礼俗、游艺、婚丧、服饰、教育、艺术、房舍、风情、驯化、意趣、收藏、养生、烹饪、交往、生育、家谱、陵墓、家具、陈设、食具、石艺、玉器、印玺、鱼艺、鸟艺、虫艺、镜子、扇子等等，都是俗文化涉及的范围。诚然，在诸多领域里，雅俗难辨，常常是你中有我，我中有你，彼此交叉，共融一体；有的则是先俗而后雅。

俗文化，古而不老，历久而弥新。它在人们的身边，在人们的生活中，无时无刻不影响人们的思想、观念和情趣。总结俗文化，剔除其糟粕，吸收其精华，对发扬民族精神，增强民族自信心，提高和丰富人民生活，都具有不可忽视的意义。世界文化是由五彩斑斓的民族文化汇成的，从这个意义上讲，愈是民族的，就愈是世界的。因此，我们总结自己的民俗文化，可以说是在构建世界文化的桥梁。这是发展的要求，时代的召唤。

这便是我们编纂出版这套《中国俗文化丛书》的宗旨。

高占祥

目录

1

引子

"龙"与"凤",在中华这块大地上,几乎无人不晓,无人不谈。龙凤的名字动听而吉祥,在人们的头脑中,其印象又是那样的清晰而模糊。

说其清晰,是因为几乎每个中国人都领略过龙凤的神韵,观看过龙凤的丰姿。尽管,国人所见或是舞龙灯、赛龙舟的壮阔场面,或是凤冠、凤绣的多彩实物,但一曲高歌《龙的传人》、一场舞蹈《凤》的翻飞,都会使每个中国人心潮澎湃,思绪万千。甚至,能使神州大地卷起一股民族大团结的思潮,掀起一场民族腾飞的热浪。

但是,龙与凤的真实面目又是怎样的? 这对于中国人来说,又差不多是个完全模糊的概念和问题。

于是，龙与凤，这对在人们潜意识中似有非有，似密切又疏远的神物，伴随着中国人度过了数千年，不仅影响过中国的绘画、音乐、民风民俗，有时甚至影响到中国的政治乃至军事、经济和教育。而且，不仅影响了中国的过去和现在，对于中国的将来也肯定还会影响下去。

为什么龙凤有着如此巨大的魅力？龙凤的原形是什么？它们的实质是图腾还是神物？它们的神性与神职又是什么？龙凤是否皆能呈祥？龙与凤在中国人的潜意识中是否有过此升彼伏的历程？龙凤是否总是垂青皇族？民间又是如何占有龙凤祥瑞的？……

《龙凤呈祥》这本小书，要谈的即是有关龙凤文化的某些方面，可以称之为龙凤俗文化的简谈略论。也许，这本小书对各位读者了解龙凤文化不无裨益。

一、源远流长的赞歌

在中国古代，有被称为"四灵"的神物，即是龙、凤、麟和龟。"四灵"之中，除龟而外，其他三种神物皆为现实世界中不曾存在过的物体。

龙和凤，虽为不曾存在的现实，然而其肖像在中华大地上又无所不在。这两种似乎随处可见、无所不在的灵物，在不同的历史时期、不同的场所、不同的地域，其形象又千差万别，各有千秋。大概正是因为龙凤是未曾存在过的现实，因而，不同历史时期和不同社会集团的人们，才可以根据特定的历史环境和各自的社会要求，去展开想象的翅膀，随意杜撰龙和凤的形象，从而导致了龙凤的容颜更加虚无缥缈和光怪陆离，以及龙凤影响的久远深厚和难以梳理。

谈龙凤文化习俗的产生，应当追溯龙凤的起源。

龙凤的历史，比中华有文字的历史要古老得多。虽然，在浩如烟海的中国古文献中，曾留下了众多龙凤的踪迹，即使在甲骨文中，也有龙凤的记载，但这些文字材料都不能揭示龙凤的起源。因此，要弄明白龙凤的起源，还必须借助考古学手段，从史前历史文化的遗址中去探索龙凤俗文化的丰采。

龙凤，不愧为一曲源远流长的赞歌。

（一）龙：模糊幻化的结晶

在龙与凤的起源之中，似乎龙的起源更加纷纭复杂。

龙风俗，是基于龙的神性而发生、形成、衍变和发展的。这正像任何民俗事象一样，皆是围绕着这种风俗所赖以生存的事物的某种特性而发生和发展的。同样，龙风俗也不例外。

在中国人的心目中，龙具有非凡的功能。它具有生物性：有鳞有角，有爪有牙，能钻土入水，能蛰伏冬眠……它具有自然性：能兴云布雨，能电闪雷鸣……它具有超现实性：能变化无常，能充当上帝的使者……这些龙所具有的不同侧面的神性，不仅派生和衍化出众多的有关龙的风俗，而且也使龙的起源有着众多的猜测和考究。

自古至今，稽索和考究龙的起源者大有人在，结论也众说纷纭。仅近几十年来，在龙的起源问题上，众多学者即提出了颇有代表性的一些观点。有的学者说，龙是以蛇为主体，综合了其他动物的特点而虚构出来的生物①；有的学者说，最早的龙，是长角的蛇②；有的学者说，龙是神化的大蟒③；有的学者认为，龙最初是鳄鱼，古书上所说的蓄龙，实际就是人工养鳄；④ 有的学者认为，龙原是一种大型热带爬行动物湾鳄，这种长达十几米的动物，曾分布于我国古代的南海、东海、渤海沿海区域以及黄河中下游和江淮流域，因其性情凶残、体形庞大，古人畏惧之而崇称为"隆"，这就是"龙"得名的由来。⑤ 如此等等，不一而足。在龙的起源问题上，可谓呈现了一派百家争鸣的局面，热闹异常。

如此恳切的结论，似乎为龙的起源找到了一个确凿的归宿。但是，这在民俗心理上却是通不过的，而且也有违于龙的自然性和超现实性。这是因为，任何现实存在的动物，都

---

① 闻一多：《伏羲考》。
② 刘敦愿：《马王堆两汉帛画中若干神话问题》。
③ 朱芳圃：《殷周文字丛释》。
④ 周勋初：《九歌新考》祁庆富：《养鳄与蓄龙》。
⑤ 何新：《中国神龙之谜的揭破》。

不可能具有兴云布雨、电闪雷鸣、变化无常、上天入渊、充当上帝使者的神性，具有如此自然性和超现实性的神物，只能是在民俗心理的支配下，通过对客观存在的自然物的不断加工、累积和神化，使自然崇拜升华为神物崇拜才形成的。因此，我们今天所见到的龙的形象，当是一个模糊幻化的结晶。

所幸的是，关于龙的形态，无论是古人，还是今人，都曾确切地指出过其有着不同组成的特点。在古代，对于龙的形象最有代表性的说法为"三停九似"说。"三停"，即"自首至膊、膊至腰、腰至尾相停也。"（《渊鉴类函》卷438引《会编世传》）"九似"说法不一。宋人罗愿最早提出"九似"说，即龙"角似鹿，头似驼，眼似兔，项似蛇，腹似蜃，鳞似鱼，爪似鹰，掌似虎，耳似牛。"（罗愿：《尔雅翼·释龙》）明代李时珍在《本草纲目》中采用了罗愿的"九似"说，只是将"鳞似鱼"改成了"鳞似鲤"，并加上了"其背有八十一鳞，具九九阳数"，"口旁有须髯，颔下有明珠，喉下有逆鳞"的描述。此外，沈括在《梦溪笔谈》中，还记载了黑水以西夜来山有座射龙庙中所珍藏的一具龙舌，"其形如剑"。这样，在古人心目中，龙的形态实际在"三停九似"之上了。

近人对龙形象的研究更进了一步。闻一多先生认为，龙的基调是蛇，是以蛇身为主体，"接受了兽类的四脚，马的头，鬣的尾，鹿的角，狗的爪，鱼的鳞和须"而形成的。① 而庞烬先生则更进一步指出："龙是古人对一些爬行动物和哺乳动物以及某些自然天象模糊集合而产生的一种神物。参与模糊集合的爬行动物有：鳄、蛇、蜥蜴等；参与模糊集合的哺乳动物有：马、牛、猪、狗等；参与模糊集合的自然天象有：闪电、云雾、海潮、龙卷风、泥石流等。另外，还有属于水生脊椎动物的鱼。"② 如此认识，不仅对龙的属性提出了有益的见解，而且对龙的形象组成来源进行了全方位的思考，这无疑是很有见地的。

但是，不能忘记，无论是古人的"三停九似"说，还是近人的"模糊集合"说，所表述的龙形象都是在其完美之后的形态，甚至可以说是当今龙的丰姿，而不是最早的龙的芳容。如此表述，则很难让人看到龙的形态的演变过程以及与之相应的民俗心理的变迁了。

从民俗发生发展的规律可以看出，原生态民俗诞生之际，

---

① 闻一多：《神话与诗·伏羲考》。
② 庞烬：《龙的习俗》第 2 页，陕西人民出版社 1988 年版。

不仅原生态民俗借助的物质基础是异常简单的、直接的、粗糙的，而且原生态民俗所表达的民俗心理也是异常直露的、表面的、朴素的。而当原生态民俗发展为次生态民俗，不仅其借助的物质基础变得复杂、丰厚了起来，而且其所表达的民俗心理也趋向了含蓄和华丽。再进一步，当次生态民俗升华为整个民族的共同俗文化之际，其所表达的民俗心理则带有着一定的哲理性文化色彩了。可以说，中国有关龙文化的风俗，即是这样一种由起初的简单、朴素、粗糙而直接一步步趋向复杂、丰富、华丽而富有哲理性的民族俗文化。

追溯历史的长河，从实物史料和历史文献记载所反映的民俗心理上，便可清晰地看到龙俗文化演变的轨迹。

沉睡在地下数千年的出土文物是最有发言权的。考古所发现可以称为龙的实物史料主要有以下几种：

第一种，猪龙。1971 年，在内蒙古三星他拉地区出土了距今约 5000 年的新石器时代红山文化玉龙，因其首部形象为口闭吻长，鼻端前突，上翘起棱，端面截平，有并排的两个鼻孔，呈明显的猪首特征而被定名为"玉猪龙"（图 1）。与此同

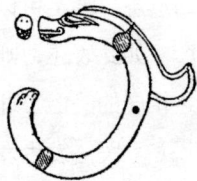

图1 新石器时代红山文化玉龙

时出土的兽形玉环，也是吻前突，前端并列有双鼻孔，且肥首大耳，吻上及眼周围还有表现颜面皮皱的线纹多道，有着更为明显的猪首特征。① 据此，有的学者认为，龙的最早形象是蛇身与猪首的结合。此种结论恐怕有以偏概全之嫌。

从有关龙风俗的发展情况看，猪龙的形象并不占有着正统和主要的地位。在我国的历史上，有关猪龙的痕迹虽有，但寥若晨星，异常稀少。唐代文献中，有"雷公豕首鳞身"（房千里：《投荒杂录·陈义》）的说法，也有雷公"状类彘"（李肇：《唐国史补》）的记载。宋代的笔记中，也有关于猪龙的记载。孙光宪曾讲到，四川"邛州临汉县内有湫，往往人见牝豕出入，号曰母猪龙湫"，且天旱时在此湫旁乞雨，还能"人之至诚，则龙畜亦能感动，享德济旱"（《太平广记》卷423 引《北梦琐言》）。苏轼说他的家乡眉州青城县道侧，有一泉名为猪龙泉。他在徐州做知府时，还去当地一雾猪泉处求过雪水，从而留下了"岂知泉下有猪龙，卧枕雷车踏阴轴"的诗句。（《东坡集》卷10《次韵舒尧文祈雪雾猪泉》）传说，唐玄宗曾夜宴安禄山，安禄山喝得酩酊大醉，化为一只猪身

①《辽河流域的原始文明与龙的起源》，《文物》1984 年第 6 期。

龙首的怪物，左右连忙禀告唐玄宗，谁知这位真龙天子竟毫不介意地说："此猪龙，无能为。"（乐史：《太真外传》）这些传说和故事不仅表明，在我国古人心目中，确曾存在过以猪首蛇身为形象特性的猪龙观念，而且存在着猪龙在龙的家族中为无能之辈的民俗心理意识。因此，可以推测，类似西辽河流域所出土的玉猪龙，并不能作为中华神龙最早起源的物证，只能是中华原始神龙的一个较早的地方变体。

第二种，龙鱼。顾名思义，龙鱼即是龙与鱼的结合。龙鱼又称"陵鱼"。今本《山海经》说，龙鱼"状如鲤"，"人面，手足，鱼身"。但宋代洪兴祖《楚辞补注》所引《山海经》，"手足"两字作"人手"。由此看来，较古的《山海经》版本，龙鱼的形象应是"人面，人手，鱼身"。

值得注意的是，在仰韶文化中，出土有众多绘有人面鱼身纹的彩陶。在甘肃省仰韶文化遗址中，出土了一只彩陶瓶，其图案即是"人面，人手，鱼身"（图2），很可能即是传说中的龙鱼。而且，这个"龙鱼"图案的鱼身，逐渐细化而盘曲，显然是《山海经·大荒西经》所谓"蛇乃化为鱼"的鱼，是

图2　仰韶文化人面鱼身纹彩陶

一种似鱼非鱼、似蛇非蛇的蛇化鱼。这种蛇化鱼，与后世《唐年小录》所谓"龙有过者，谪作蛇鱼"的说法，也有某些相联系之处，都说明龙身原是蛇与鱼融合体的神化，表明龙鱼确是中华神龙的一个主要来源。

第三种，鹰龙。据新华社郑州1987年12月10日电讯报道，河南省濮阳市兴修水利工程时，在西水坡发现仰韶文化遗址，在其墓葬群中共发现有用蚌壳砌塑的3条龙、3只虎和人物的形象，其中还有人骑乘龙的艺术造型。其中45号墓男性墓主人骨架左侧是用蚌壳精心砌塑的一只矫健的虎，右侧是一条蜿蜒的龙。（图3）据实地测量，这条龙身长为1.78米，高为0.67米。龙的形象特征是昂首、曲颈、弓身、长尾，呈蛇形，却又"画蛇添足"，足似明显的鸟类的爪。因其为蚌壳所砌塑，故被有的学者称为"蚌龙"。因其形象特征为蛇身鹰爪，故有的学者称其为"鹰龙"。①

图3　濮阳仰韶文化
遗址"蚌龙"

---

① 王维堤：《龙的踪迹》第12～15页，大连出版社1990年版。

　　河南濮阳西水坡所发现的鹰龙，与甘肃甘谷所发现的龙鱼，虽同属仰韶文化时期，但鹰龙的产生年代要比龙鱼晚得多。从西水坡45号墓有龙虎蚌砌图象葬式看，男性墓主人可谓受到隆重的礼葬，是一个具有特殊身份的人。与其同墓葬的3具骨架，左侧女性头部有被砍伤痕迹，可断定这3具骨架反映的是人殉现象，说明该墓已处于仰韶文化的晚期，带有了明显的向父系氏族过渡的性质。因此，时代较晚的鹰龙比龙鱼的形态更为复杂则顺理成章了。

　　尽管，西水坡仰韶文化遗址所发现的鹰龙并没有羽翼，但有爪鹰龙的出现，则为龙与鸟的结合奠定了基础，从而导致了古代神话传说中"应龙"的问世。应龙的主要特征是生有双翅，因而《广雅·释鱼》说："有翼曰应龙"。《山海经·中山经》中所说"鸟身而龙首"之类神龙，便是人们想象中应龙的形象。

　　虽然，史前期有关龙的考古发现仅此3例，但是，这3例足可以反映原始时代我国先民对于龙的民俗心理。这3例原始龙的地方变体，无论是猪龙，还是龙鱼、鹰龙，其共同的特征都为蛇身。这表明，蛇作为龙躯体的主要造型，在龙起源时代即已确定了。因此，闻一多先生所说"龙与蛇实在可分而又不可分。说是一种东西，它们的形状看来相差很远，说是两种，龙的基调还是蛇"①，是有道理的。

如此看来，把龙的躯体说成是取材于湾鳄、鳄鱼、蜥蜴等则不仅有附会之嫌，而且也难以解释某些民俗心理和民俗事象。数千年来，无论是在人们的潜意识中，还是在现实口语中，往往是龙蛇并提。《左传·襄公二十一年》说："深山大泽，实生龙蛇。"《易·系辞》说："龙蛇之蛰，以存身也。"《慎子》说："飞龙乘云，腾蛇游雾。"《论衡》说得更直接："龙鳞有文，于蛇为神"，直接点明神蛇即是龙。蛇，《说为作"它"。《说文》解释曰："它，虫也。从虫而长，像冤曲垂尾形。上古草居患它，故相问无它乎?"《汉书·杨雄传》说："以为君子得时则大行，不得时则龙蛇。"唐代李白有"悦悦如闻鬼神惊，时时只见龙蛇走"(《草书歌行》)的诗句，宋代陆游有"斜阳生木影，龙蛇满窗纸"(《眉州驿舍睡起》)的吟唱。苏轼见壁上的字写得好，而用"龙蛇飞动"一词形容(《西江月·半山堂》)。《史记》《汉书》写刘邦是其母亲与龙交配而生下来的，后来他又在路上斩了一条蛇，同时还编造了

----

① 闻一多:《神话与诗·伏羲考》。

一个赤帝子杀白帝子的神话。如此大量的龙蛇并提记载，说明龙的本相即是蛇，这是一种千古相传的民俗心理意识。

蛇是一种爬行动物，为什么远古时代的中国先民将蛇作为龙的基调予以神化？这其中恐怕有着多种原因，是由于模糊性综合思维所幻化的结果。在古代，中国人的思维特点呈现着模糊性综合思维的色彩。古人治学多为通学，一部专著包罗万象，无所不及，正如宋人对禅学理解一样，担水劈柴，皆有佛理。中国古代学术思维的这种综合性特点，实际上是对原始社会无分工分类、笼统含混的模糊综合性思维的继承。在这种思维形式的支配下，人们从最直观、最表面、最朴素的现实出发，思考着大自然的某些问题，从而导致了由蛇崇拜而到神龙崇拜的产生。

在上古时代，黄河流域的气温要比现在高出一点，从而使这个流域的气候类型呈现为温暖潮湿的亚热带气候特征，因而蛇这种爬行动物较之现在有着更多的存在。蛇大小不一，蜕皮幻化，能入水，能钻地，春出冬眠。有的毒蛇甚至一口而致人死命，厉害得很。而天上的雷电也有春现冬没的特点，何况雷雨中的闪电如金蛇狂舞，偶尔所见的龙卷风（民间俗语称为"龙掉尾"）如巨蛇蜿蜒升天，群蛇出现即预示大雨即到，动植物遭雷击即粉身碎骨，立刻毙命。这众多的现象不能不使古人将蛇与雷雨等联系了起来，从而使人们具有了主宰雨水之神即应带有蛇的主体特征的认识基础，而其名字则以隆隆的雷声而命之。"龙之为言隆也，谓屈折隆穷也。"① 可见，以蛇形为龙形的基调，以雷声为龙而命名，这便是最早的龙得以产生的直接民俗基因；而龙是由蛇变化而来的，则是衍化焕发出来的民俗意识。

但是，并不是所有的蛇都可以变化为龙的。于是，古代先民展开思维的翅膀，将蛇类的最神秘奇异者作为能变成龙的材料。《抱朴子》说："有自然之龙，有蛇蜴化成之龙。"而《述异记》卷上记载民间传说："虺五百年化成蛟，蛟千年化为龙。"在这里，蜴是一种小蛇、毒蛇，而蛟则是一种传说中形体各异的蛇，因其主要与雨水有关，故被称为"蛟龙"。可见，在民俗心理中，蛇之为龙，当是蛇族中的最优秀、最有道行者。

至于龙的原始形态中为什么与鱼、鹰等联系起来，恐怕也是远古先民模糊综合性思维的结果。龙观念的诞生时代，

---

① 邓奎金：《龙就是雷电的形象》，《四川日报》1988 年 1 月 23 日。

当是我国原始农业的发生和初步发展时期。原始农业的产生，是人类的第一次经济性革命。从此，人类摆脱了依赖天然生成物的时代而步入了依赖自己的辛勤劳动去生存的岁月。农业文明的光临人间，在为人类带来了福音的同时，也促使着远古人类去更加深入地探索大自然的奥妙。为什么有的年份风调雨顺，而有的年份则春旱秋涝？为什么有时晴空万里，而有时则阴云密布，电闪雷鸣？为什么有的雨下得滋滋润润，而有的雨则暴雨倾盆？……如此等等问题，驱动着人类去思考，去观察，而观察和思考的结果，则产生了有关龙的崇拜意识。而龙与水有着最密切的关系。在水中，鱼最为常见且被远古先民所熟知，因而鱼化而为龙则成为又一种民俗意识便很自然了。汉代百戏中，有"鱼龙曼延"舞蹈，表现的则是巨鱼化巨龙的内容，因而又被称为"黄龙变"。刘向的《说苑》中，有"白龙鱼服"的寓言，说的是天上白龙化为鱼而降入深渊之中，结果被渔夫射中左眼。民间还有鲤鱼跳过龙门而化为龙的传说。这些传说，在鱼参入龙形象幻化组合的同时，也为远古先民提出了新的思考和必须解答的问题。这个问题便是，鱼在人间水中，又如何升上天去呢？于是如鹰之类的鸟便参入到龙形象的幻化组合之中，从而产生了有双翼的鹰龙。这一系列模糊综合性思维的结果，便导致了原始龙以蛇、鱼、鹰等形象的问世，完成了其基本形态和神性的幻化过程。

龙哟，其源可谓久远矣。

（二）凤：朦胧意识的恢宏

与龙相比，凤的起源虽显得较为单调，但同样也令人感到扑朔迷离，似乎也显示了一种远古朦胧意识的恢宏。

遍翻古籍，细搜文物，众多材料所显示的一种迹象便是，我国远古居民所偏爱的动物似乎主要有两种：一是飞禽，二是走兽。走兽种繁类多，形态各异。于是，在受宗教信仰和天神支配一切的古人理念不断干预下，各种走兽的最优良之处便被逐渐地凑合在一起，从而最终导致了龙的形成。而飞禽虽也有着较多的种类，但其基本形态却有着较大的相似。这种相似，为远古居民在其理念基础上产生并形成一种想象性和现实性相结合的幻化神灵提供了动力。这种神灵，便是凤。

那么，在古人心目中，凤是一种什么样的鸟呢？《艺文类聚》卷90《鸟部》上引《决录注》曰：

　　辛缮，字公文，治《春秋》谶纬，隐居华阴，光武征不至。有大鸟高五尺，鸡头燕颔，蛇颈鱼尾，五色备举而多青，栖缮槐树，旬时不去。弘农太守以闻，诏问百僚，咸以为凤。太史令蔡衡对曰："凡象凤者有五，多赤色者凤，多青色者鸾，多黄色者鹓鶵，多紫色者鸑鷟，多白色者鹄。今此鸟多青，乃鸾，非凤也。"上善其言，三公闻之，咸逊位避，缮不起。

　　这位太史令所言未必正确，但从其议论能令众人折服看，凤自凤，鸾自鸾，凤与鸾、鹓鶵、鸑鷟、鹄等有着各自的不同。这种将凤同其他被认为是凤类鸟区别开来的观点，可能是古代的一种通行看法。因此，《山海经》说："鸾鸟自歌，凤鸟自舞。"《左传·昭公十七年》说："凤鸟氏历正也，玄鸟氏司分者也……青鸟氏司启者也，丹鸟氏司闭者也。"这些将凤与其他被认为是凤类鸟区别开来的说法，与那位太史令是一致的。

　　凤的形象在《山海经·南山经》中描述得较为典型："又东五百里，曰丹穴之山，其上多金玉，有鸟焉，其状如鸡，五采而文，名曰凤皇。"可见，凤的主要颜色特征是五采俱备，以红色为主，故后人称凤为"丹凤"，而且有着"丹凤朝阳"这样的成语。这大概是凤的一个基本特征。

凤形象的另一个重要特征是其冠羽和尾羽。从所发现的历代有关凤图案看，尽管其躯体的主要部分有着众多的不同，但是，其冠羽和尾羽则为数千年一贯制，并没有发生本质性的变化。其冠羽，多作三羽，古称为"三毛""三苗"；其尾羽，多迤地舒卷，作三五羽，呈雉翎状或孔雀尾眼斑状。古往今来，由中国人所塑造的世间并不存在的凤，以其火红的冠羽和五彩缤纷的舒卷尾羽所形成的丰姿留在人们的美好记忆和思维中。

不过，值得人们深思的是，凤的形象为什么唯独具有这样两种基本特征而不是其他？对此，远古考古资料似乎能给予充分而坚实的说明。

距今 7000 余年的余姚河姆渡遗址第一期文化层中，出土有一件骨匕，"左右对称地各饰相连双鸟纹。双鸟纹形象奇特，鸟头上有细长的冠羽，状似凤鸟。双鸟头共连着一个身子，身子上载着闪着光焰的太阳。"① （图 4）同时，还出土有一件象牙雕刻，器中间为一个复线同心圆构成的火焰状光芒

---

① 张朋川：《中国装饰纹样简史》第 1 章第 6 节，《图案》1985 年第 2 期。

四射的太阳，两边各雕刻一个相向昂
首、拖着长长的带有眼斑翎羽尾的鸟
纹，为"异常精美的双凤朝阳纹"；在
一件陶器上，还有"两只多足凤鸟"，
"下方两个由复线构成的同心圆……代
表的是两个太阳，一个是日出之日，
一个是日落之日，故一在东，一
在西。"①

图4　河姆渡遗址出土的骨
匕（上）与象牙雕（下）

　　虽然，河姆渡遗址第一期所出土
的凤鸟类图案纹饰并不具有明显的后世凤凰的形象特征，仍
然带有似鸡非鸡、似凤非凤的色彩，但是，这类如鸡式的原
始而古朴的凤鸟似乎更能令人看到凤的起源，从而想到这样
一个问题：为什么河姆渡人要把太阳与这种鸡类凤鸟结合在
一起作为其一种类似信仰式的图案而加以反复渲染呢？

　　从古文献记载看，作为"丹凤朝阳"的丹凤，即应是河
姆渡文化中的凤鸟。这种似鸡类凤鸟，其现实生活素材即为
长尾雉鸡或已驯化后的家鸡。《说文》曰："鸡，知时畜也。"

---

　　① 王大有：《龙凤文化源流》第16～17页，北京工艺美术出版社1988年
版。

《尚书·中候篇》说："帝舜云，朕惟不义，百兽凤晨。"注云："百兽率舞，凤皇司晨鸣也。"《毛诗》道："凤皇鸣矣，于彼高岗。梧桐生矣，于彼朝阳。"《孝子传》讲得更直接，凤凰"自名为鸡"，说的即是以鸡为凤。既然凤即是鸡，鸡与太阳的关系自然异常密切了。古人认为："鸡为积阳，南方之象。火阳精物，炎上，故阳出鸡鸣，以类感也"（《艺文类聚》）；"东南有桃都山，上有大树……上有天鸡，日初出，照此木，天鸡即鸣，天下鸡皆随之。"（《玄中记》）

固然，人间没有什么桃都山，也没有什么天鸡，但是，日出鸡鸣、鸡鸣日出的自然现象却在远古居民的心目中产生了某种困惑和神秘感。于是远古居民便以人类童年所具备的"以类相感"型思维方式，以表象之间的关联而不受逻辑思维（现代思维）任何规律所支配、单靠存在物与客体的神秘互渗来关联的方式，在头脑中幻化出"天鸡"这样一个神物，以解释日出与鸡鸣这两种对于远古人类来说都极为重要的客观现象，从而导致了最早的"丹凤朝阳"意识的出现，也相应产生了似鸡非鸡的原始凤。

原始凤的形象到良渚文化时期发展得更加成熟。在距今四五千年的江苏吴县草鞋山墓葬中，出土有鸟纹的带盖贯耳壶，鸟头上有曲折形冠羽，尾羽长而向上扬起，鸟头很大，冠也很突出，已具有凤鸟的基本特征，与后世的凤鸟也很相似。同属良渚文化的上海福泉山墓葬玉琮上也刻有类似的鸟纹。吴兴钱山漾遗址所出土的彩陶片上，"刻着以弧线构成的有冠羽而长尾舒起的飞鸟形，是更加成熟的凤鸟造型"。① 虽然，良渚文化凤鸟头上的冠羽更类似于孔雀而不像公鸡，但其整个体形仍没有摆脱鸡形象的基本特征，特别是钱山漾陶片上的凤鸟尾端向下勾卷，更带有公鸡尾羽的特征。

这些考古资料都表明，尽管现在俗语中有"落地的凤凰不如鸡"的说法，但是，细细追究起来，为百鸟之王的凤在其产生时期却本源于鸡；基于鸡鸣日出或日出鸡鸣自然现象而形成的原始"丹凤朝阳"观念和意识，则是催发类似"天鸡"、凤凰信仰意识和图案产生和发展的原动力。

在原始时代，凤即开始脱离了鸡的原形而具有了更加绚丽多姿的风采，从而使凤向着华贵无比的方向发展。凤的这种变化，是人类追求美好审美心理的一种反映。显然，良渚文化中的凤鸟有着类似孔雀的冠羽，表明此时的凤已开始迈

---

① 张朋川：《中国装饰纹样简史》第 1 章第 6 节，《图案》1985 年第 2 期。

出脱离原始形态而趋向被美化的步子。到晚于仰韶文化的甘肃马家窑文化的彩陶上，鸟的图案题材较为普遍，从其造型特征看，这些鸟形象已颇具商周乃至春秋战国时代的凤鸟味道了。（图 5）这表明，自远古时代起，在我国先民审美意识的驱动下，孔雀已开始作为现实生活中的一种美好素材而参入到凤的幻化和组合之中。

图 5　马家窑文化彩陶凤图案

当然，不能否认的是，其他鸟类形象也间或参入过凤的模糊集合。《韩诗外传》说："夫凤象鸿前而麐后，蛇颈而鱼尾，龙文而龟身，燕颔而鸡喙……延颈奋翼，五色备举。"如此复杂而令人难以琢磨的凤形象，所表达的仅有一点是正确的，即凤在艺术形象形成过程中，曾有多种鸟类掺入进凤的模糊集合与幻化。

多种鸟类参入凤形象的模糊集合与幻化，显然是不同时期的人们所具有的不同思想意识所支配的结果。作为纬书的《拾遗记》说了一段皇娥与太白金星作"桑中之戏"而生少昊的衍生神话，但其中也有一些历史的影子。这则神话说："帝子（太白之精）与皇娥泛于海上，以桂枝为表，结薰茅为旌，刻玉为鸠，置于表端，言鸠知四时之候……及皇娥生少昊，号曰穷桑氏……时有五凤，随五方之色，集于帝庭，因曰凤鸟氏。"（《拾遗记》卷1）这里的鸠为鸤鸠，即布谷鸟，并不是传说中一种有毒的鸟。布谷鸟自谷雨季节来到黄河流域，其始鸣之际即为播种季节到来之时。此种物候现象对于远古已从事农耕生活的先民来说是极为重要的，因此，布谷鸟参入凤的组合并被作为一种神物而得到过远古居民崇拜当是可信的。

谈到少昊氏，不能不使人联想到我国远古居民曾有过盛行两大不同崇拜的集团。《史记·五帝本纪》说："炎帝欲侵陵诸侯，诸侯咸归轩辕。轩辕乃修德振兵……教熊、罴、貔、貅、貙、虎，以与炎帝战于阪泉之野。三战，然后得其志。"

而《左传·昭公十七年》则说："我高祖少皞挚之立也，凤鸟适至，故纪于鸟，为鸟师而鸟名。凤鸟氏历正也，玄鸟氏司分者也，伯赵氏司至者也，青鸟氏司启者也，丹鸟氏司闭者也，祝鸠氏司徒也，鴡鸠氏司马也，鸤鸠氏司空也，爽鸠氏司寇也，鹘鸠氏司事也。"据此，众多学者认为我国远古居民以不同的动物为图腾，甚至有的学者认为这是"以野兽命名的……氏族"①。对此，学术界有争论，我们尚且不论。但这种现象至少说明，在远古时代，我国是有着盛行将鸟和兽作为神物崇拜的两大集团的。因此，那个被认为崇拜鸟类神物的社会集团，则很可能是将不同的鸟形象都拿来作为凤的组合材料的主要远古居民。这不仅导致了凤有着不同的形象，也使凤有了不同的神性。

在支配凤的形象发展演化的原始思维意识中，最引人注目的是在母系制社会向父系制社会过渡时期的父权制思想，以及奴隶制国家形态诞生之际的强权思想。中国古代神话中，说北海海神禺强，又兼风神，他的形象既是一条硕大无比的鲸鱼，又能变化成一只凶猛异常的大凤。他的背，宽广数千

---

① 郭沫若：《中国史稿》第 1 册第 118 页。

里。他的翅膀一击，就能掀起排天海浪三千里。在古代，风与凤同义，而且凤的形象和威力又是那样的神奇，因而凤显然是种有着强权和威力的神物了。

据研究，传说中的少昊氏东夷集团所崇拜的神鸟主要为鹰鸮鹏雕等猛禽，其次才为雉鸟类①，而其所设置的官员和职司也皆以各种鸟类纪名。传说中的帝俊、帝喾和舜是一个人的化身。在甲骨文中，俊的形象如有鸟头的人。传说中的舜的父亲为瞽子，在生舜前曾做过一个梦，梦见一只凤凰衔米来喂他，并说自己的名字叫"鸡"，是来给他做儿子的，后来即生了舜。舜的眼睛有两个瞳孔，故又叫"重华"。这一传说与尧为国君时，祇支国献来一只有双瞳孔、形象像鸡、鸣声如凤的"重明鸟"的神话相一致，与另一种舜是从天上下来、与五彩鸟交朋友的神鸟的传说，也有着一定的联系。可见，伴随着父权制和奴隶制的萌芽，凤曾一度偏离过作为美丽象征的轨道，从而使自己变成过强权和威严的化身。因此，可以断言，类似后世所说"凤为百鸟之王"、"百鸟朝凤"之类俗语所反映的思想意识，在父系社会的晚期便已经产生了。

---

① 《大汶口文化讨论论文集》第129～136页，齐鲁书社1981年版。

既然凤是代表强权和威严的神鸟，那么，具有"以类相感"型思维方式的古代居民便开始由自然比附人事到由人事比附自然的简单而又抽象的论述，从而使凤鸟具有了更为神秘的色彩。

殷族就是这样的一个社会集团。传说，殷的祖先契即是由鸟感化而生的。对此，《诗经·商颂》说："天命玄鸟，降而生商。"《史记·殷本纪》说得更明确："殷契，母曰简狄，有娀之女，为帝喾次妃。三人行浴，见玄鸟堕其卵，简狄取吞之，因孕生契。"何为玄鸟，历来以燕为玄鸟，此说应加以修正。屈原在记述殷契降生神话时，《天问》作"玄鸟"，《离骚》作"凤鸟"。《天问》说："玄鸟致贻，女何喜？"《离骚》曰："凤皇既受诒兮，恐高辛之先我。"可见，在伟大诗人屈原的心目中，"玄鸟"即为凤。《说文》释玄为黑中夹红，不能被认为像燕子那样黑身红颔。玄鸟既然为凤，凤的颜当是"五采而文"，因而"玄鸟"当为羽毛色彩华丽的鸟，"玄"字可引申为色彩奥妙、美丽异常的意思。鸟能飞翔，在古人的心目中，鸟上可飞入神秘无穷的天堂，下可给人间带来鸟语花香，因而作为百鸟之王的凤自然能代表着"天命"来治理民间，商王也被称为"玄王"。如此以凤作为最早统治者的现象，改变了少昊氏将最高统治机构的各种职司都由不同鸟类命名的状态，仅保留了商王为上天意志的体现者这一核心思想，标志着凤作为神鸟的神性被强化了。

更为有趣的是有关古文字中的凤形象。在甲骨文和金文中，与"凤"字的关系最密切的象形文字有 4 种：

第一，是"凤"字。在甲骨文中，风与凤通，或以"风"为"凤"，或以"凤"为"风"。之所以如此，郭沫若注释《卜辞通纂》："于帝史凤，二犬"云："卜辞以凤为风，……盖视凤为天使，而祀之以二犬。荀子《解惑篇》引诗曰：有凤有凰，乐帝之心。盖言凤凰在帝之左右。"康殷则说："卜辞中多借凤为风字，盖取其当风飞舞，毛羽婆娑之状，兼借风声。"① 可见，凤为天使，来自长空，如风而至，当是"风"与"凤"互通的本意。而"凤"字为鸟形之上有斧形、辛形冠。（图6）在古代，斧或辛为王或王族的象征，故古"王"字亦此形。凤上置斧

图 6　以"凤"为"凤"

---

① 康殷：《文字源流浅说》，荣宝斋 1979 年版。

辛，表示的则为人对凤鸟的崇拜，代表的则是神权和王权的
图6以"凤"为"凤"统一。

第二，是"鸢"字。"鸢"字如"凤"字形象似乎完全相
同，皆为鸟形之上加斧辛形，应是"凤"字的另一种写法。
洛阳附近出土的商周青铜器铭文中的"鸢"字（图7），与
"凤"字是没有什么区别的，所表达的同样是对凤鸟的崇拜与
神权和王权的统一。

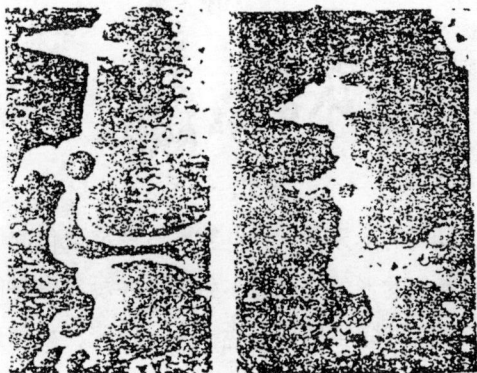

图7　出土于洛阳商周青铜器铭文"鸢"字

第三，以孔雀形象为"凤"字。在甲骨金文中，"凤"字
的另一种形象，颇似一只奔走或飞翔的孔雀，不仅头、身、
翅、爪、冠、尾皆具，而且对冠羽和尾羽特别留意刻画，已

具有了明显的后世凤凰的特征。(图8)

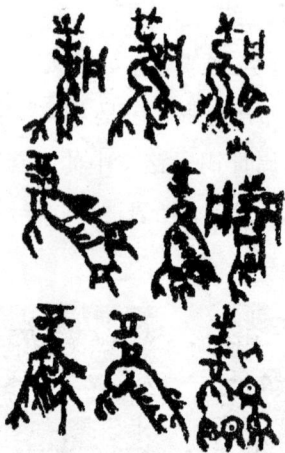

图8 象形文"凤"字

第四，以鸡的形象为"凤"字。后世定型化的凤虽有着孔雀般美丽绝伦的形象，但现实生活中并没有以丹色为主的孔雀。人们所见孔雀主要为青白两种，因此，被称为青鸾的凤显然不是凤的本源，而丹凤的本源也不应为孔雀。丹凤的本源是人们常见的大红公鸡。在甲骨文与金文中，"凤"字常被写成雄鸡形，但这个雄鸡头上有了歧冠羽与透地长尾羽，具有明显的凤的两个基本特征。(图9) 这表明，起码自商周时代起，凤虽早已脱离了其本源形态而发展为一种神鸟，但是，凤作为一种艺术形态，其形象还没有走向其完备和定型。

图 9 "凤"字为雄鸡形象

　　汉字，从某种意义上说，是一种象形文字长期发展演变的结晶。带有着浓重象形文字色彩的甲骨文和金文，不仅表达着我国汉字起源期的艰难和繁缛，而且也透露着创造汉字者在当时所具有各种朦胧思想的恢宏和庞杂。在此，一个以风为凤、以孔雀为凤、以鸡为凤、以鸢为凤的"凤"字，其中所内含的深奥即足可让人感到震惊了。尽管，这仅仅是对一种俗文化所具有的深厚观念和意识的震惊。

　　凤哟，其源亦可谓久远矣。

（三）龙凤：昨天淌来的歌

不知哪位哲人曾经说过，人类的历史只有3天：昨天、今天和明天；昨天已经过去，今天也即将成为过去，唯有明天将更加美好；但要拥有美好的明天，必须立足于今天的踏踏实实。

是的，辉煌的昨天已成为过去，人们不应该把过去的辉煌作为包袱背在身上。但是，人们却不能忘记昨日的辉煌，因为，那辉煌同样是血与泪、苦难与汗水的凝聚。

龙与凤，便是这样一支昨天淌来的古老而带血带泪的歌。

原始时代，龙凤观念在中华大地上诞生了，龙凤形象分别由其本源出发而不断地被我国先民进行着模糊性组合。尽管，这种组合是那样的古朴而纯真、简洁而抽象，但是，龙凤俗文化终究代表着远古居民的希冀和心愿而生成着、发展着，体现的是民俗事象的传承性。

不过，自有阶级社会问世之后，原始而古朴的龙凤俗文化便开始发生了某些变异，其古朴而纯真的原始格调被扭曲、被肆意篡改了。

自商周时代开始，统治阶级即妄图占有龙凤这种俗文化，希望把自己打扮为或龙或凤的化身。清代王谟所辑古佚书《括地图》说，禹平天下，有二龙自天而降，禹御龙巡行域外。《山海经·天荒西经》说，夏后启"乘二龙，上三嫔于天，得《九歌》《九辨》以下"。而《史记·封禅书》则说，孔甲因亵渎了天神，二龙即离他而去，夏王朝自此走上了衰败的道路。商代崇拜凤，以凤作为上帝派来的"天使"，因而契母食玄鸟卵而生契，商王亦名为"玄王"。可以说，至迟自商代开始，凤在统治者心目中已变为上帝的使者，是社会兴旺衰败的重要象征了。

至周代，凤作为上帝使者和象征社会兴旺衰败神鸟的观念意识，更加流行并作为统治者的一种重要思想内容。周武王兴兵伐纣时，曾有"凤鸣岐山"的传说，认为这是天命，是兴周灭商的祥瑞，于是周武王出师伐纣。在今陕西岐山京当凤雏村，曾发现有西周早期的大型宗庙建筑遗址，并出土有4片刻有周王室崇拜凤的卜辞，其中一片卜辞为"巳凤"。巳与祀通，其意为祭祀。"言祀凤者，盖谓周王室视凤为神鸟，为上帝使者，而对其尊崇备至，顶礼膜拜，以至于同他们心目中至高无上的'上帝'及先王先公一样看待，而予以隆重的祭祀之礼。"[①]

秦汉时期，统治阶级信奉黄老之术，一心祈求长生不死，

---

① 刘亮：《凤雏村名探源》，《文博》。1986 年第 1 期。

希冀能够成仙，享受终世荣华。因此，无论秦皇汉武，还是高祖文景，都对西王母曾乘翠凤之辇和周穆王相会过的神话传说深信不疑。秦始皇曾派人千方百计寻觅神仙，以求长生不老之药。汉文帝、武帝也步秦始皇的后尘，屡屡做出求仙访神的怪事。例如，一代明君汉武帝就曾听信齐人少翁之言，下令在宫殿的廊柱、墙壁和屋顶上都画上了祥云缭绕的龙凤图案，在车饰、帷幕和衣被上也绣上了龙凤图案，以求神仙能降临他的身旁。固然，汉武帝的目的并没有达到，但是，龙凤云彩纹图案便从此作为宫殿和皇族生活用品的重要装饰，一直被历朝沿用而影响至后世。

但是，不能不看到，在汉武帝以前，最高统治者并没有把龙仅仅作为帝王的象征，而是将龙凤两种神物都作为自己的化身的。在商代，青铜器的主要纹饰为饕餮纹。这种纹一改原始时代陶纹那种淳朴、自然、天真、稚拙的美，而变为狰狞、恐怖、严谨、规矩并充满着神秘的美。在饕餮纹中，除牛、羊等变形外，更多的则是虺、虬、螭、夔等臆想中的龙形象，充分表达了商代统治者想象多于现实、神秘多于自然、恐怖多于生动的"遵神文化"思想。

这其中，最能体现最高统治者将龙凤两种神物都作为自己的化身的是夔。夔，也是一种想象中的神物。《山海经·大荒东经》说："状如牛，苍身而无纹，出入水则必有风雨，其光如明，其名曰夔。"但更多的古籍说夔是蛇状的单足动物。《说文》即曰："夔，神魖也，如龙一足，"《吕氏春秋》中还记载了这样一个故事：鲁哀公对夔只一足的事不理解，问孔子是什么原因，孔子回答说："谓夔者一而足矣，非夔一足也。"可见，孔子是不相信仅有一足的夔的。不过，商代的统治者却相信有这样如龙般神怪动物的存在。但是，这种神怪动物又带有凤的某些特征，因而又被称为"夔凤"。这表明，在商代，由于统治者把龙凤都作为自己的化身，从而导致了其形象在某些时候和场合也有着难以区别的共同之处了。

龙与凤的形象难以让人区别的现象，至汉代仍然存在。秦汉时期的瓦当有着精美的图案，其中"四神"瓦当尤为丰富，对研究秦汉时代的龙凤形象有着重要的作用。在"四神"中，被称为"应龙"和"朱雀"的形象几乎没有多大差别（图10）。传说，应龙是黄帝手下的一条神龙，身有双翼，既能飞，又能兴云布雨。朱雀为凤的一种。从汉代瓦当所表达的龙凤形象看，其细微差别仅在于朱雀的翅更明显，尾羽舒卷，足似鸟爪，而应龙的翅则不明显，足也像动物足，至于其头部、躯干和整个造型则让人难以区分了。这种两者形象上的似是而非、似像非像的迹象所表明的，并不单单在于龙凤形象的模糊集合，反映在思想上，则是最高统治者既希望自己是龙的化身，又希望自己是凤的化身这种矛盾心理的体现。

图10　"四神"瓦当中的龙凤图案，1为龙，2为凤。

因此，秦汉时代，龙与凤都曾作为皇帝的专利品而被同时使用过。《礼记》中即规定，皇帝祭祀天地时要穿一种叫"衮服"的服装，其上绣有12章纹样，除日、月、星、辰外，还要绣上龙和华虫。华虫是什么？按其祥瑞吉利、至高无上以及与上苍交往的含义看，华虫应为凤，所体现的应是龙凤（朱雀）的相互配衬。而且，汉武帝还规定，天子出行时，要有一官手执金吾开道，以御非常，此官员也被称为"金吾官"。根据汉制，帝王乘坐的车称为"凤辇"，帝王即位之前的旧居叫"凤邸",帝王的仪仗先导叫"凤盖"。因此,金吾或者即是凤。在此之前,刘邦早已被神化为龙子。如此龙凤不分的现象说明,至秦汉时代,龙和凤这对发生于民间的幻化性神物,都被最高统治者所占有了。

不过,应当注意的是,自汉高祖刘邦开始,即把自己打扮为"真龙天子"了。于是,《史记》、《汉书》都记载了刘邦为神化自己而编造的那个大同小异的故事。刘邦所编造的故事,恰恰适合自商周时代以来即盛行的"天命"思想,从而使这种神话升华为一种世代相承的民俗心理意识,导致了皇帝为"天子",是代表上天的意志来主宰人间的"真龙天子"。这种思想经董仲舒"君权神授""天人感应"论的理论性升华和概括,便在西汉的末年形成了一种俗民心理而影响了中国数千年。从此,应龙和朱雀的形象才逐渐趋向了明显的不同,龙逐渐变成了皇帝的专利,而凤则成为皇后的垄断物。

当然,从民俗发生发展及其演变的规律看,原生态民俗尽管由于统治阶级的提倡而发展演变为次生态民俗,但次生态民俗并不可能摆脱原生态民俗的某些内涵和外延,其古老而纯朴的芬芳在民间仍然被保存着。龙凤即是这样一对民俗神物。

春秋战国时代，正当最高统治者企图将自己打扮为神龙神凤的化身之际，有一些人却对龙凤的神性进行了反思，体现了民间俗文化心理的某些反响。孔子是"不语怪力乱神"的，可是，孔子对龙凤都有议论，不仅有"云从龙，风从虎"之说，即使在临死时还哀叹："凤鸟不至，河图不出，吾已矣夫！"（《论语·子罕》）可见，一生"敬鬼神而远之"的孔子还是将凤作为祥瑞象征的。

对于龙凤这样的吉祥物，人们敬之唯恐不及。但是，有趣的是，春秋战国时代却出现了一大堆要养龙、降龙、杀龙、射龙、屠龙的议论。《左传·昭公二十九年》记载魏献子问蔡墨："听说虫类中没有比龙更有智慧的，因而活龙是抓不到的，是不是？"蔡墨回答说，不是龙有智慧，而是人不了解龙，"古者畜龙，故国有豢龙氏，有御龙氏"。可见，在蔡墨的心目中，龙不是神秘莫测的神物，而是可以被豢养和被驾驭的动物。《韩非子》则说："龙之为虫也，鸣可狎而骑也。然喉下有逆鳞尺余，人，或婴之，必杀人矣。"其意是说，龙虽然厉害，但只要你会捋顺毛，那么龙就乖乖地让你乘骑了。可见，韩非子认为龙是可以降服的。《庄子·列御寇》则说，朱评漫向支离益学屠龙，学了三年，把万贯家产也花尽了，"技成无所用其巧"。《太平御览》所辑《尸子》说，韩娥在鲁国看到龙在沂水边喝水，即按照世间所言"出见虎，搏之；见龙，射之"的话将龙射杀了。如此毫无顾忌地诋毁最高统治者将要占为己有的龙，这在其后的时代是不可多见的。这表明，周王室的衰微一度使亵渎象征王权神龙的现象形成过一种思潮，从而导致了俗民文化中的龙形象得到了一定的扩散和传播。

相反，在春秋战国时代，人们对于凤大不敬的记载却难以见到。这种现象是很令人深思的。究其原因，恐怕与龙凤本来的形象及民俗心理对龙凤的不同有一定关系。在民俗文化中，龙之所以被我国远古先民缔造出来，其根本原因即是处于蛮荒时代的人们需要一个能行云布雨的神灵的护佑。但是，气象变化无常，及时雨的降落如甘露一样曾使远古人类欣喜若狂，从而对龙顶礼膜拜，认为这是一条好龙；而当阴雨连绵，大雨成灾，人或为鱼鳖之时，则认为这是一条恶龙，从而对其痛恨有加，必想杀之而后快。如此晴雨莫测、气象无常的自然现象，导致了人类对龙的看法有所不同，并在此基础上形成了截然相反的民俗事象。但是，凤则不然，凤是一些美鸟羽虫的模糊集合。在古籍记载中，凤是能给人类带来祥瑞的吉祥物,是美德的象征,是百鸟之王。有关凤鸟的这种神性,给民俗意识所打上的烙印便是,凤是人类美好的象征,对它是不能有什么不恭之心的。这大概是龙受到诸子百家的诋毁而凤独受尊崇的根本原因吧。

基于这种民俗心理,龙凤的形象在春秋战国时代发生了一些微妙的变化。龙在西周时代被作为王的化身。《易经》中只讲龙,没讲凤。《易经》的第一卦乾卦即专讲龙的动与静、变化规律及其所代表的意义,涉及"潜龙"、"见龙在田"、"或跃在渊"和"飞龙在天",还讨论了"亢龙"和"群龙无首"等吉凶问题。孔子在《文言》中解释《易经》的乾、坤两卦,把龙释为"有龙德"的王,龙的潜、移、跃、升则表示着王所处的地位。"飞龙在天"标志着有龙德之王的君临天下,为乾卦九五爻辞,故后来把皇帝的宝座称为"九五之尊"。王与龙有着密切的联系,因而也有着相同的德行和脾气。龙可有德可无德,王自然也有着昏明之分。龙可大发雷霆,王也可龙颜大怒。于是,自周代后期开始,龙有好坏之分,王也有昏明之别的议论便不绝于耳了。适应着这种思潮,龙的家族在春秋战国时代迅速扩大,其形象也进一步向着威严、升腾、庄重、蜿蜒的方向发展。

而凤的形象则呈现了两种发展趋势。当凤被作为百鸟之王而象征着至高无上的王权之时，凤的形象趋向于朱雀，变得与应龙没有什么大的区别。但是，凤在民间却是被作为吉祥物而被处于社会下层的人们所供奉着。因此，在春秋战国时代，当诸子百家大胆而放肆地亵渎象征王权的神龙时，民间却把凤鸟作为祥瑞而加以大肆宣扬。《左传》中记载了这样一段趣闻："懿氏卜妻敬仲，其妻占之曰吉，是谓凤凰于飞，和鸣锵锵。"在此，"凤凰于飞"被用来表示爱情的纯洁和夫妻的和谐，开启了凤凰象征婚姻和谐美满的先河。正是在此民俗心理的驱使之下，凤鸟的另一种形象自春秋时代开始趋向了优美、流畅、舒展、潇洒的格调，孔雀、雉鸡等美禽的温顺和优美在此得到了充分的体现。这表明，自春秋战国时代起，凤形象演变的一种倾向，开始趋向于写实性，逐渐朝着面向世俗、生活的方向发展。

很显然，凤形象的这种发展趋势，已开始与龙形象朝着面向超世俗、超生活的方向发展分道扬镳了。最终的结果，必然是龙形象越来越让人难以琢磨，而凤形象则越来越靠近现实生活中的某些参照物。

在民间，不管哪一个时期，凤鸟一直被认为是吉祥物，而且地位日渐显赫，应用亦愈加广泛。自秦汉时代起，凤鸟已出现昂首婷立、大步跨越、展翅高飞的生动形象，线条也从过去的抽象为主而变为具体刻画，日益趋向写实和富有生活情趣，其形象更倾向于鹤的雄姿、孔雀的秀色（图11）。

图11　汉代凤鸟（陕西绥德画像石）

　　相反，秦汉时期的龙却很难判断其所依据的参照物属于何种。不过，汉代龙的动态特点仍大都呈现为低姿势的奔爬状，即使是生有双翅的应龙也被处理成这种形态。但由于汉龙的动作幅度较大，自然能产生一种飞舞流动、气壮山河的效果。至魏晋时代，这种低姿势爬状的汉龙便被腾空飞起的形状所替代了。从此，龙便成为一种腾云驾雾、升空翻卷的神物形象。至唐代，龙的形象基本定型了。

　　而凤形象的定型则应在宋元时代。宋代工艺美术的一个显著特点即是吉祥图案的盛行，这对于促进凤鸟的形象趋向清秀、细腻、写实、规范和定型起到了重要作用。宋代凤的形象是：嘴明显鹰化，目光锐利，头爪有力，长足蛇颈，肉状雄鸡冠，孔雀状三翎巨尾或五、七、九条雉状翎尾，或缠枝交连状尾，具有明显的写实特征。明清时代进一步发展了这种风格，并将鸳鸯雄者翼侧耸立状羽毛附变于凤的相同部位，从而形成今天人们所看到的凤凰形象。

　　历经数千年，在各种民俗心理的支配下，龙凤这两种神物几经附丽变异，在表达民俗事象传继性和变异性的同时，也终于演变发展到了今天。这似一首自远古流淌来的歌，有欢快也有苦涩，讴歌和抨击着昨天，也启迪和唤醒着今天，展望和预示着明天。

二、是图腾，还是其他

"图腾"一词，是印第安语 totem 的音译，意为"亲属"和"标记"。所谓图腾，是指那些被原始社会的人们认为与本氏族有血缘关系的某些动植物或自然物，这些动植物或自然物被作为本氏族的保护神和象征物，即图腾。

于是，有的学者便认为，龙凤是中国远古代社会不同氏族的图腾，并作过多方面的论证。

龙凤果真是中华民族远古社会不同氏族的图腾吗？

（一）不是图腾，而是神物

在学术界，似乎有一种偏见：如果某位知名的学者出来谈一种观点，这种观点便可成为定论，于是，后来学者即不加思索地予以引用，结果常常弄得错误观点泛滥成灾。这大概便是"学成于思而毁于随"的例证。

其实，关于龙与凤的性质便是如此。

龙与凤，自远古而至今日，发展演变数千年，也影响中华文化数千年。对于这种无所不在，又并不存在，虚无飘缈却影响深远的幻化物，自郭沫若、吕思勉、闻一多等老一代学者认为龙凤是中国远古社会不同氏族的图腾那时起，即有众多学者同意和追随着这种观点，至今仍在不遗余力地论述着。于是，论述龙凤"不是现实的对象，而是幻想的对象、观念的产物和巫术礼仪的图腾"① 者有之；论述龙凤"图腾形象，都是由单一的自然物图腾，转化为由人类创造的幻想的复合形象，但没有离开自然物形象本身的基础"② 者亦有之；论述龙凤"最初也是图腾……父系社会确立以后，图腾制被废除"③ 者还有之。如此论述，虽引用大量史料，但其真实性和逻辑推理却让人感到玄而又玄，实在不敢苟同。

如此论证的错误可有以下几点：

一是严重违背了图腾的有关特征和界定。对于图腾的某

① 肖红：《龙与远古图腾》，《河南大学学报》1984 年第 1 期。

② 王大有：《龙凤文化源流》第 5 页，北京工艺美术出版社 1988 年版。

③ 王维堤：《龙的踪迹》第 24～27 页，大连出版社 1990 年版。

些特征和界定，虽然学术界有着不同的看法，但是，有些认识还是能够达成共识的。这些共识便是：图腾是一种现实中存在的动物或植物；这些被认为是图腾的动植物与氏族成员之间既有着血缘关系，又是这个氏族的徽铭标志、保护神和崇拜物；在通常情况下，被崇拜为图腾的动植物是禁杀禁食、不可侵犯的。很显然，如果龙被作为华夏族的图腾，那么，有关龙被杀、被屠、被豢、被驭和被乘等，则有违于图腾的尊严了。对于凤，同样如此。

二是有关龙凤被认为可以作为图腾记载的史料异常零散细碎，且矛盾重重，不能自圆其说。《山海经·海内经》郭璞引《归藏·启筮》说禹"化为黄熊"，禹自然也就是熊种了。然而这却是前后矛盾的，令人不知所从了。

所谓可作图腾证明的唯一较完整的古籍资料，是《左传·昭公十七年》所载郯子的一段话：

秋，郯子来朝，公子之宴。昭子问焉曰："少皞氏，鸟官名，何故也？"炎郯子曰："吾祖也，我知之。昔者黄帝氏以云纪，故为云师而云名。炎帝氏以火纪，故为火师而火名。共工氏以水纪，故为水师而水名。太皞氏以龙纪，故为龙师而龙名。我高祖少皞挚之立也，凤鸟适至，故纪于鸟，为鸟师而鸟名。

据此，有的学者认为，郯子所说的"纪"与"名"，指的即是图腾标记和名称，于是推断，黄帝氏一族为云图腾，炎帝氏一族为火图腾，共工氏一族为水图腾，太皞氏一族为龙图腾，少皞氏一族为鸟图腾。如此望文生义的治学方法，显然是令人难以折服的。如果炎帝、黄帝分别以火与云为图腾，那么，中华民族的图腾自然应该是火与云的复合物，绝不应该是龙。何况，又有传说认为黄帝号有熊氏，自然黄帝部落以熊为图腾了。更何况，炎黄之际，已进入了父系社会的末期，盛行于母系社会的图腾信仰在此时早已土崩瓦解了。因此，以这些资料为依据，将龙凤作为中国远古居民不同氏族图腾的观点，是没有坚实立论根据的。

三是推论牵强附会，让人难以信服。例如，有的学者认为，凤是中华民族远古居民的一个重要图腾，而且指出生活在长江中下游地区的南系凤图腾为鹑鸡类鸟；生活在沿海东夷集团中的阳夷、凤夷、于夷、太昊族、少昊族，是以太阳与凤鸟为复合图腾的；而生活在中华大地西部的炎帝族则以三足鸟——火——太阳为主图腾。之所以如此，其推论方法便是，炎帝之所以称"炎"，因其发明人工取火；而火与太阳是"相通的"，凤又与火——太阳是"同一的"；日中有"踆乌"，因而日与"三足乌"又是"同一的"。于是，便得出了炎帝族以火——太阳——三足乌为主图腾的结论①。如此，凡事物有联系即被认为是"同一的""相通的"，那么，世界上任何事物相互之间都有着一定联系，如此推论下去，所有事物都可以作为图腾了。显然，这种逻辑思维方式不啻是一种天方夜谭。

更令人不能信服的，是有关龙图腾推论中的随意杜撰和思维混乱。有人在甲骨文中找到所谓龙图腾信仰的部落："王亩龙方。"（"乙"，3797）这个部落位于何处？有甲骨卜辞云："龙来氏，羌。"（"河"，625）而且，《史记·匈奴列传》索隐引崔浩语："西方胡皆事龙神，故名大会处为龙城。"于是，这些学者认为羌族部落奉龙为图腾，而"夏部落亦是龙部落迁至黄河下游的部落之胄"②。显然，为证明夏族同样是一个崇龙族，而将夏族说成是羌族的后裔，即带有信口雌黄之嫌了。何况，日本、朝鲜、东南亚乃至美洲皆有龙凤崇拜现象，若依次推论，那么，这些国家和地区的人类也该是羌族的后

---

① 王大有：《龙凤文化源流》第 13~59 页，北京工艺美术出版社 1988 年版。
② 刘城淮：《略谈龙的始作者和模特儿》，《云南学术研究》，1964 年第 3 期。

裔了。显然，这是站不住脚的。

那么，龙凤的性质到底是什么呢？

对此，古籍中已有明显的定论。《说文》曰："龙，神它（蛇）也"；"凤，鸟也。"《论衡》也说："龙鳞有文，于蛇为神。凤羽五色，于鸟为君。"古人把龙、凤、麟、龟称为"四灵"（《礼记·礼运》）。这四灵"灵"在何处？方氏悫注释说："麟体信厚，凤知治乱，龟兆吉凶，龙能变化，故谓之四灵。"可见，自古以来，学人们即是把龙凤作为神物或神灵对待的。

那么，何谓神物？神物系指宗教及神话中所幻想的主宰物质世界的、超自然的、具有人格和意识的客观实在。这类客观实在一般由原始自然崇拜升华发展而来，其具体形象为某几类动植物、甚至包括自然物的幻化集合体。神物的幻化集合过程在万物有灵意识及民俗观念的支配下，表现为一种逐渐附丽异化的模糊集合程序。因此，神物具有超自然神性的形象，并不具有某类动植物或自然物的典型表象，而仅是某几类动植物或自然物的模糊集合。

很显然，神物崇拜与图腾崇拜有着根本性的不同。就其崇拜的范围和人数而言，神物崇拜的范围可大可小，大可大至普天之下共同崇拜某种神物，小可小至仅为某几个人。相反，图腾崇拜则仅限于某个氏族或某个部落的地域范围内。就其崇拜者信念坚定程度而言，图腾崇拜对于其氏族成员来说，每个人都必须无条件地接受，带有着强制性。神物崇拜则不然，对于某个人而言，是否崇拜某种神物则有着一定的自由性。因此，在龙的崇拜者中，才既有祈祷神龙者，又有降龙屠龙者。也正是因为如此，才出现了"不语怪力乱神"的孔子，他才敢说了那通话："鸟，吾知其飞；鱼，吾知其游；兽，吾知其走……至于龙，吾不知其乘风云而上天。"（《史记·老庄申韩列传》）若照龙为华夏图腾的观点，孔子这位圣人实在是华夏族的逆种了。

何况，图腾是现实中实际存在的某种动植物或自然物，而神物则是某几种动植物或自然物的模糊幻化集合，是非现实的，仅是一种似是而非的、似像非像的某几类自然崇拜物的凑合。因而，这些被崇拜的凑合型神物，既不可能一定是崇拜者的保护神，更不可能被认为与崇拜者有一定的血缘关系。相反，图腾动植物却是实在的，因而崇拜者迷信图腾与本族有一定的血缘关系，是本族的保护神，庄重而神圣，有着众多禁忌和约规。

显然，龙凤为神物，而不是图腾。这便是龙凤的属性。

那么，作为神物的龙凤，其神性又是什么呢？关于龙的神性，综合各种文献资料，最基本的可有三点：一是能升天，二是能变化，三是兴云布雨，司水理水。《论衡·龙虚篇》曰："且世谓龙升天者，必谓神龙。不神，不升天；升天，神之效也。"这里所说的便是龙所具有升天神性。因此，才能有乘二龙的禹，以及有关唐代乘龙的韦氏与赵生等传说（见《太平广记》卷421引《原化记》《博物记》）。宋代王安石作《龙赋》，"龙之为物，能合能散，能潜能见，能弱能强，能微能章"，指的便是龙能变化的神性。著名浪漫小说《西游记》中的西海龙王敖闰玉龙三太子能变水蛇、变白马、变人形，其依据便是龙具有能变化的神性。兴云布雨，司水理水，是龙最主要的神性，也是其唯一神职。《左传·昭公二十九年》即说："龙，水物也。"《水经注·夷水》说："龙怒，当时大雨。"《渊鉴类函》卷438引《别行》说："神龙，兴云致雨益人间者。"可以说，没有一种龙是与雨水无关的。

至于龙如何下雨，在《西游记》第10回"老龙王拙计犯天条，魏丞相遗书托冥使"中，有段魏徵梦斩泾河龙王的传说描述，很能反映迷信思想对龙兴云布雨、司水理水神性的认识。相传，唐太宗时，长安有个神卜袁守诚，因以鲤为酬替他人卜卦而惹怒了泾河龙王。于是，泾河龙王变成个白衣秀士前去问卜天上阴晴如何，袁守诚卜得"明日辰时布云，巳时发雨，午时下雨，未时雨足，共得水三尺三寸零四十八点"。为赶走袁守诚，龙王从其军师计，至次日调遣风伯、雷公、云童、电母，"挨到那巳时方布云，午时发雷，未时落雨，申时雨止，却只得三尺零四十点"。就是因为"改了他一个时辰，克了他三寸八点"而犯了天条。结果，玉帝发金旨一道，令人曹官魏徵于次日午时三刻梦斩泾河龙王。可见，龙兴云布雨要听命于玉皇大帝，且要有风伯、雷公、云童、电母等人协助，何时何处下雨，雨量多大，都要以令而行，否则，要犯天条，惨遭杀身之祸。很显然，龙的此种神性是按人间的官僚职能模式为素材而加以刻画和想象的。

关于凤的神性，古籍中所记载的主要传说有：

凤鸟首文曰德，翼文曰顺，膺文曰仁，背文曰义，见则天下和。（《山海经·海内经》）

凤鸟，神鸟也……见则天下安宁。（《说文》）

凤皇之翔，至德也，雷霆不作，风雨不兴，川谷不澹，草木不摇。（《淮南子·冥训》）

鸾凤自歌，凤鸟自舞。爰有百兽，相群是处，是谓

沃之野。(《山海经·大荒西经》)

　　凤,火之精也,生丹穴,非梧桐不栖,非竹实不食,非醴泉不饮,身备五色,鸣中五音,有道则见,飞则群鸟征之。(《春秋演孔图》)

　　羽虫三百六十,凤为之长。(《乐稽耀嘉》)

综上所述,可以看出。古人对凤鸟神性的认识可有以下四个方面:第一,凤能给人类带来社会安宁和风调雨顺、五谷丰登;第二,凤象征着美德;第三,凤具有能歌善舞的灵性和清雅高贵的生活习性;第四,凤为百鸟之王。显然,凤是被认为能给人类带来祥和、美满的神鸟。

　　正是因为如此,人们才将现实中各种鸟类最美丽的地方都集中到了凤的身上,使其成为一些美鸟的模糊集合而最终成为一种神物。大概,这也是处于愚昧时代的人们塑造善神的一般规律吧。

　　人啊,人,其天赋即在于追求美好。他们用自己那美玉无瑕的心灵,塑造了龙凤,并赋予龙凤以无所不能的神性,祭祀它、乞求它。然而,龙凤真的能呈祥吗?

(二)是神物,又是吉祥物

　　在中国,叶公好龙的故事几乎是家喻户晓、路人皆知的:

叶公子高好龙，钩以写龙，凿以写龙，屋室雕文以写龙。于是天龙闻而下之，窥头于牖，施尾于堂。叶公见之，弃而还走，失其魂魄，五色无主。是叶公好龙也，好夫似龙而非龙者也。（刘向：《新序·杂事》）

在此传说基础上形成的成语叶公好龙，被用来比喻表面上爱好某种事物，但并非真正的爱好它，甚至畏惧它。

如果，从另一个角度去分析叶公好龙的传说，似乎可以看到动物崇拜起源之际的某些远古民俗心理及其历史的沉淀。可以这样推理：叶公之所以好龙，是因为龙能给人间带来风调雨顺；之所以畏惧龙，是因为龙的威力无比，面目可怖，同时，还能给人间带来灾难。正是这种既好又惧的矛盾心理，驱使着人们去塑造了他们想象中的龙，去祭祀龙、崇拜龙，但又是那样的畏惧龙。这种恐惧心理和神秘感，统治了中国数千年，成为古代中国民众的一种普遍性心态而影响着龙文化的方方面面。因此，古往今来，人们虽讥讽好龙的叶公，但真正轮到自己头上，大概未必能有几人不是叶公。

如此恐惧心理，反映的是人类所负担的某种沉重压抑。在《山海经》中，几乎所有神灵，都被描写成动物或与动物有关的形象。如《南山经》中的神灵全与龙鸟（凤）有关，或

"鸟身龙首"，或"龙身鸟首"，或"龙身而人面"；而《西山经》的神灵则大都与马、牛、羊、虎、豹有联系，或"人面羊身"，或"人面马身"，或"人面牛身"等。此外，书中还记载着许多奇鸟怪兽的出现，往往同旱灾、水灾、风灾、瘟疫及社会动乱的发生密切地联系在一起。这种现象，既是远古时代处于愚昧中的人们不能对各种灾害异常作出正确解释的表现，也是当时的人类深受灾害异常肆虐和摧残的反映，表现了人类对大自然横行暴戾的无奈，因而不得不把求取生存和幸福的希望寄托于神秘无限的上苍，乞求神灵的赐福和佑护。于是，便发生了《礼记·郊特牲》中那种既祭祀有功于农业的动物，又祭祀为害农业的动物的现象："蜡之祭也……飨农及邮表畷禽兽，仁之至义之尽也……迎猫为其食田鼠也，迎虎为其食田豕也，迎而祭之也……曰土返其宅，水归其壑，昆虫毋作，草木归其泽。"

在恐惧心理和神秘意念的支配下，远古人类凭着"以类相感"型原始思维方式将某些动植物幻化为神物，希冀这些神物能够给人类以吉祥。但是，它们并没有把祥瑞播撒到人间。这如同叶公好龙一样，人们崇拜神物，是将其视为吉祥物；人们惧怕神物，是怕其成为肆虐人类的怪物。

龙凤便是这样一对接受了人类祭祀香火，但没有给人类带来福音的孽畜。

在古人的心目中，龙凤是事物，但同时也是吉祥物。所谓吉祥物，顾名思义，就是能给人类带来吉利和祥瑞的事物。吉祥，是福善之事和幸运的预兆。《庄子·人世间》说："虚室生白，吉祥止止。"成玄英疏："吉者，福善之事，嘉庆之征。"明代张瀚说："古今言祥瑞者……盖有无其事而有其应者，又有反常为妖而谬以为祥者，未有睹瑞应而不颂功德者也。"（张瀚：《松窗梦语·祥瑞纪》）从这种意义出发，在民俗文化范畴之内，吉祥物的外延要比神物的外延广泛得多。例如，流行于我国大部地区的寿桃，其作用在于寿诞之时晚辈祝福老人健康长寿。在一些地区寿桃以木质做成，祝寿结束之后，寿桃要珍藏，显然已带有了吉祥物的性质，但不是神物。而神物则不然，凡属神物范畴者，都可被作为吉祥物而在某些场合加以利用。

龙凤被作为吉祥物，具有某些特殊的含义和象征。例如龙。在民间，龙主要被作为五谷丰登、风调雨顺和辟邪、镇邪的吉祥物。在胶东一带，农家于春节之前以面粉做成龙蛇状物放到米面瓮或粮囤里，以乞求来年风调雨顺、粮食满仓。

这种面龙蛇被称为"神虫""神龙",要供奉到农历二月二龙抬头日才从面瓮、粮囤里取出。而在民间建筑上,古代较豪华的建筑都在屋脊和檐角上装有小兽,其数量按房屋的豪华程度分别为三、五、七、九不等,以九为最显赫。九只小兽分别为龙、凤、狮、天马、海马、狻猊、押鱼、獬豸、斗牛等(图12)。斗牛,"即虬螭之类,遇阴雨作云雾,常蜿蜒于道旁及金鳌玉蝀坊之上",可见斗牛为龙种。狻猊为龙子。獬豸"性忠,见人牛则触不直者,闻人论则咋不正者",(《宸垣识略》)为主持公道的龙种。其他小兽也皆象征着吉祥,取消灾避祸,镇邪除恶的意思。

图12　殿宇屋脊及檐角小兽

　　而在士大夫和统治者心目中，由龙的升天、变化和司水等神性所引发和衍化出来的吉祥含义，则集中在人瑞和帝兆上。所谓人瑞，是指以某种吉祥物来预示和比喻某位人物幸运和前途等吉兆。以龙为吉祥物，所表达的是某位人物的才智超群、仕途得志、神采非凡、志气高远及幸运异常等吉兆。如汉末徐庶向刘备举荐诸葛亮时，称其为"卧龙"。（《三国志·诸葛亮传》）曹魏末年，钟会举荐嵇康于司马昭时，亦称嵇康为"卧龙"（《晋书·嵇康传》）。三国时代，华歆、邴原、管宁三人"俱游学相善"，时人号为"一龙"，华歆为龙头，邴原为龙腹，管宁为龙尾（《三国志·华歆传》注引《魏略》）。陆云："幼时，吴尚书广陵闵鸿见而奇之，曰：此儿若非龙驹，当是凤雏。"（《晋书·陆云传》）清代，归安胡某，望子成龙心切，"勉子弟读书，不许驰射，所生四子，长元龙，次跃龙，三虬龙，四见龙，俱中武进士……大江以南所罕见者也"（钱泳：《履园丛话·科第》）。而龙作为帝兆，则是指龙为皇帝的吉兆，以此来表达皇帝为真龙天子，是代表上苍来管理人间社会的。于是，便演出了我国封建社会一幕幕天子与龙有关的闹剧。

　　而一直被视为善鸟的凤，其吉祥物的色彩则更加浓厚一些。自古以来，人们即把凤作为能给人间带来吉祥的善鸟，即所谓凤的出现能昭示着雷霆不作、风调雨顺、河不泛滥、五谷自生、天下安宁的太平盛世。同时，凤所具有的能歌善舞的灵性和高贵的生活习惯，被作为有至德和才能的人的象征。如诸葛亮被称为"卧龙"，而庞统则被时人称为"凤雏"。

此外，凤鸟则被用于象征爱情的和谐与幸福。自春秋时代起，"凤凰于飞，和鸣锵锵"即被用作比喻婚姻的美满。到战国时代，即出现凤鸟的 S 形图案（图13）。这种凤鸟呈长条形，尾为放射状孔雀羽翎，尾巴斜线与颈部斜线相呼应，呈 S 形分割和穿插分布，构图别致。这种成双成对的凤鸟题材，被用以象征团聚和美满，有着明快的节奏，淳厚的旋律，更富有乡土气息和民俗风味，因而成为宋元以后大量流行的"喜相逢"图案的先声。

图13　战国铜器凤鸟图案

龙的变化升腾，与凤的美善祥和，既各有特色，又可互补，甚至，在某些特点上可以互通。正是因为如此，龙和凤才被捏和在一起，被用以表示两件事物对应与结合的谐和、美满，或被用来表示同一种事物威严和至德。

龙与凤的最早对应和结合，大概要数孔子与老子互相吹捧的那段传说。据说，孔子去见老子，听了老子的一席话后，对其为人和学问的高深莫测深为感慨，三天不语而陷入了沉思。弟子问他规谏了老子些什么，孔子感慨地说，我竟见到了龙！龙"合而成体，散而成章，乘云气而养（翔）乎阴阳"，我"口张而不能颐，舌举而不能讯"，怎么能规谏老子呢（《庄子·天运篇》）。这是孔子将老子比作"龙"的典故。老子将孔子比作"凤"的典故见于《艺文类聚》卷90和《太平御览》卷915所引的一段《庄子》佚文："老子见孔子从弟子五人"，便问道："前为谁？"回答说："子路，勇且力。其次，子贡为智，曾子为孝，颜回为仁，子张为武。"老子听后感叹道："吾闻南方有鸟，其名为凤……凤鸟之文，戴圣婴仁，右智左贤。"就这样，龙凤是天生的一对，孔子与老子互相吹捧着，也成为天生的一对"圣人"。

从此之后，龙凤被结合在一起，其一种意思便被比喻为贤才。南齐王僧虔《诫子书》说："于时王家门中，优者则在凤，劣者犹虎豹。"（《南齐书·王僧虔传》）明代高启有诗句为："南阳有龙凤，乘时各飞翻"。（高启：《高太史集》卷3

《咏隐逸诗》之8《龙公》)而龙盘凤逸则被用来比喻才能出众但未被社会所知的人。李白曾曰:"一登龙门,则声誉十倍,所以龙盘凤逸之士,皆欲收名定价于君侯"。(《李太白集》卷26《与韩荆州书》)龙章凤姿便被用来形容神采非凡。《世说新语·容止》注引《康别传》说:"(嵇)康长七尺八寸,伟容色,上木形骸,不自饰厉,而龙章凤姿,天质自然。"宋人苏轼则有诗句说:"我公天与英雄表,龙章凤姿照鱼鸟"。(苏轼:《分类东坡诗》卷3《张安道乐全堂》)龙跃凤鸣也被用来比喻才华横溢。《晋书·褚陶传》说:"张华见之,谓陆机曰:君兄弟龙跃云津,顾彦先凤鸣朝阳,谓东南之宝已尽,不意复见褚生。"由此可见,龙凤合璧,仅被用于比作贤才即不胜枚举了。

而龙凤成为天生的一对吉祥物,则大量地被用于比喻婚姻的和谐美满。于是,便产生了"龙凤配"、"龙凤呈祥"等祝福婚姻美满和幸福的吉祥用语。在我国古装戏中,有一出戏名为《龙凤呈祥》,说的是刘备依计而娶孙夫人,东吴赔了夫人又折兵的事。刘备与孙夫人过去从没有见过面,可谓是一见钟情,从而结为互相恩爱的一对。

不过,应当看到,龙凤被作为神物,在过去受到人们器重的程度有所不同。先秦时代，龙和凤都被作为神物而受到隆重的祭祀。因此，龙和凤都有着威严而令人恐怖的形象。不过，至迟自春秋战国时代起，凤的形象开始趋向了祥和、温顺。这种形象上的演变，表明凤已开始倾向于吉祥物了。自秦汉时代开始，龙被最高统治者垄断之后，其威严和令人恐怖的形象有增无减。因此，可以断定，在中国漫长的封建社会中，龙主要是被作为神物来看待的。相反，凤则主要被作为吉祥物，从而导致了凤的形象也越来越趋向于温和与绚丽。近代，伴随着封建制的被推翻和迷信的不断被扫除，龙与凤一起都逐渐作为吉祥物而渗透在中国民俗文化之中了。

当然，这里所说的将龙凤作为吉祥物仅是指龙凤的整体而言的，并不是说龙凤的全部都被视为吉祥。其中，尤其是龙族之中，有的龙则被视为不祥和邪恶。例如，传说中的毒龙，或杀人（《博物志》），或掠人珠宝（《酉阳杂俎》），古籍皆曰可杀。传说中的乖龙、孽龙也是作恶多端的龙类。"世传乖龙者，若于行雨而多方逃匿，藏人身中，或在古木楹柱之内，及楼阁鸱甍中，须为雷神捕之……或牧童之身，往往为此物所累，遭雷震死"（黄休复：《茆亭客话》）。可见，乖龙是条不履行降雨神职的懒虫，因而要受到割去耳朵的惩罚。故韩愈有诗句为："烦君自入华阳洞，直割乖龙左耳来"（《昌黎集·答道士寄树鸡》）。

即使龙凤作为吉祥物，其实也未必能给人类带来什么吉祥。古代，中国人以龙凤呈祥作为爱情和美、夫妇恩爱的象征，可是，又有几对男女能突破"父母之命，媒妁之言"的束缚而实现真正的自由恋爱、自主婚姻呢？在帝王的宫殿中，到处雕龙画凤，皇帝穿龙袍，皇后戴凤冠，连日常所使用的一应器物也无不饰有龙凤图案，似乎皇族即生活在龙窝凤巢之内，但是，又有哪朝哪代的皇城不充满着宫廷政变的血腥，你厮我杀的格斗呢？龙凤，这对既是神物，更是吉祥物的孽畜，又曾在何时将祥瑞播撒过人间呢？

三、披着宗教面纱的龙凤

　　中国人，是很注意自己的尊严和气节的。从介子推的宁愿被烧死也不与居功争赏的小人为伍，到吉鸿昌那"宁愿站着死，不愿跪着生"的高风亮节，有气节的中国人从没有低下过高贵的头。

　　但是，有趣的是，古时候中国却通行着磕头的礼节。晚辈见长辈要磕头，平民见长官要磕头，小官见大官要磕头，全国的人都要向皇上磕头，就连皇上对神灵也要磕头。于是，在一片磕头声中，中国度过了数千年。

　　龙凤为神物，为求得龙凤的保佑，过去的中国人也曾双膝跪地，虔诚地磕过头。当那个高贵的头磕向大地时，中国人把宗教徒般的虔诚奉献给了龙凤这对神灵，也把一层薄薄的宗教面纱装扮到了龙凤的身上。

（一）虔诚与狂热的龙凤崇拜

经典著作将宗教分为原始宗教和有阶级社会的宗教两种；而且，根据统治者的意识是否被掺入，将这两种宗教又分别称为"自发宗教"和"人为宗教"；并指出，自发宗教"在它产生的时候，并没有欺骗的成分……至于人为宗教，虽然也充满着虔诚的狂热，但在其创立的时候便少不了欺骗和伪造历史"。[①]

大量迹象表明，龙凤被作为一种神物而得到崇拜，在我国的原始社会即已经存在了。因此，原始时代龙凤崇拜的性质完全可以被划到自发宗教的范畴中去。

而且，大量的资料也证明，正如经典著作所说，原始龙凤崇拜没有欺骗的成分，却散发着古朴的虔诚与狂热气息。

在生产力极其低下的远古时代，人们最关心的问题是生与死。为了能生活下去，人们需要有较充足的食物；为了生命的代代延续，人们需要种族的繁衍；而为了死者的安宁，也需要使其灵魂有所归宿：于是，几乎所有的原始宗教都围

①《马克思恩格斯全集》，第 19 卷，《布鲁诺·鲍威尔和早期基督教》。

绕着人类的生与死这两个主要问题而产生了种种意念和巫术。同样，龙凤崇拜也不例外。

吃饭问题是远古人类的头等大事，因而，能为中国远古居民带来风调雨顺的龙崇拜也显得格外重要，其巫术也特别虔诚，其气氛则异常狂热。其中，最虔诚最狂热的莫过于祈雨习俗。

祈雨习俗的发生，可以追溯到人类的童年时代。早在漫长的采集狩猎经济时代，远古人类即可能发现，野生果实和动物数量的增多与否，不仅随每年季节与雨水的周期性变化有关，而且与不同年份之间降水量的多少有着密切的联系。这种观察很可能便催发了朦胧的"龙"信仰观念，并产生了某些与之相应的原始宗教行为。如果说，采猎经济时代祈雨习俗还处于萌芽阶段的话，那么，伴随着原始农业的产生和发展，在雨水的多少越来越严重地影响着农业的丰歉乃至人类生存的前提下，祈雨风俗相应问世了。

或许，原始农业时代，人们祈雨的对象可能有多种。例如，在山东莒县一带，民间老太婆于天旱之际将水缸外壁用清水泼湿，烧纸磕头以求降雨。这种现象，当是古老多神崇拜的一种反映，也隐含着类似"水缸穿裙，大雨淋淋"那样的农谚色彩。但是，可以肯定地说，自类似母系社会辽河流域猪龙、黄河流域龙鱼和蚌龙问世的那个时代起，以龙作为祈雨的对象已成为中国北方地区的普遍性风俗了。

而且，可以肯定地说，原始时代祈雨的人们怀有着清教徒一般的虔诚。关于原始时代求雨习俗，仅能从一些传说中予以分析。《山海经》里记载说，黄帝请应龙帮忙，大战蚩尤，但应龙攻杀蚩尤以后即回不到天上去了，只能在中国的南方落户，因此南方多雨，北方干旱。北方"旱而为应龙状，乃得大雨"（《山海经·大荒东经》）。"应龙状"如何？为此，有的学者释"应"为感应的"应"，即做成龙的形状，"以求天上的'真龙'有所感应而落雨"[1]。显然，这种解释与《山海经》将应龙作为有翼之龙是有矛盾的。而大多数学者仅认为这是一种巫术仪式或活动，则又显得笼统肤浅，不得要领。在《淮南子》中，有"旱则修土龙"（《淮南子·说林》）、"土龙致雨"（《淮南子·地形训》）的说法。高诱注："汤遭旱，作土龙以象龙，云从龙，故致雨也。"对照甲骨卜辞，确有"其作龙于凡田，有雨"的记载。可见，高诱的注释是有一定的根据的。这表明，传说中黄帝时代"为应龙之状"以祈雨，

---

[1] 庞烬：《龙的习俗》第103页，陕西人民出版社1988年版。

至迟在商代已有此风俗了。此风俗至汉代已相当普遍，因此汉儒才记载了以土堆制成应龙的形状以求感应天上的"真龙"而落雨的风俗。

以土为龙祈雨的风俗，在传播过程中难免要发生变异。这是因为，土龙难以与祈雨中的一些动作结合起来，因此，以木、布、竹、纸等材料扎制龙形象以替代土龙便成为必要，这大概是后世木龙、布龙、竹龙、纸龙产生的主要原因吧。

从有关资料看，祈雨风俗中的主要活动为"舞"和"尞"。甲骨卜辞中有着众多的祈雨记载。例如：

> 癸丑卜，其尞□，于汙尞，雨（《粹》665）。贞，我舞，雨（《乙》7171）。

这里的"尞"，是将薪柴交架起来点燃以祭天的巫术。有时甚至巫觋要坐到燃烧的薪柴上以祈雨，这在古籍中被称为"焚巫"。焚巫是祈雨中的一种自我惩罚性行为。原始宗教认为，通过自我惩罚，在灾难临头的时刻能感动神灵，从而达到降雨的目的。显然，这是异常荒唐可笑的。但这种现象确实在原始时代乃至以后的社会中发生过。《淮南子·主术训》说："汤之时，七年旱，以身祷于桑林之际，而四海之云凑，千里之雨至。"大旱 7 年，祈雨将有无数次。成汤一次偶然的

"以身祷于桑林之际"便"千里之雨至",除了有意故弄玄虚,为君王歌功颂德外,也可看到原始时代祈雨者的虔诚了。大概,这是古代社会的人们在旱灾到来之际磕下他们那高贵的头的真正原因,所反映的是一种无奈和愚昧性的虔诚吧。

商代祈雨时的"舞",同样是一种巫术活动。这种"舞"源于对飞禽走兽的动作模仿和内在能量的释放,以表达祈龙降雨愿望的仪式。这种巫术,在有的古文献中被称为"舞雩":"若国大旱,则帅巫而舞。"(《周礼·春官·司巫》)《说文解字》:"雩,夏祭乐于赤帝以祈甘雨也",或从羽。对此字,有的学者认为,雩为羽毛或羽道具,"舞雩"即祈雨时舞者以羽毛为装饰或以羽毛为道具。有的学者释雩为"吁","舞雩"即舞者边手舞足蹈,边吁吁喊叫。《左传·桓公五年》:"大雩者何,旱祭也。"注:"祭言大雩,大旱可知也。君亲之南郊……使童男女八人舞而呼雩,胡谓之雩。"可以说,这两种解释都是有一定的道理的。

后世求雨的一些风俗可以作为"舞雩"的注脚。过去,天津地区遇到旱灾求雨时,"求雨者或抬关壮缪之偶像,或抬龙王之偶像出行,前引以仪仗多件,锣鼓喧天聒耳……另有一人,身着绿纸制成之龟壳,以墨粉涂面,口中喃喃而语。

其余随从人颇多，大都头戴一柳圈，手持一柳枝……每到一处，该处之人皆须放鞭炮，陈供品迎接……另有儿童等用长木板一条，塑泥龙于上，以蚌壳为龙鳞，粘其上，扛之向街中游行，口中喊曰：'滑沥滑沥头咧，滑沥滑沥头咧，家家小孩来求雨咧。'或又喊之曰：'老天爷，别下咧，滑沥滑沥下大咧。大雨下到开洼地，小雨下到菜畦里。'"①如此祈雨，既有出行之"舞"，又有喊叫之"雩"，还有戴柳圈、持柳条之"雩"，更有《诗经·小雅·甫田》"琴瑟击鼓，以御田祖，以祈甘雨，以介我稷黍"的奏乐祈雨及《淮南子》的"土龙致雨"，真可谓古代祈雨风俗遗存的大全，又可谓古代祈雨者狂热的写照。

可能，用商代以后乃至近现代的资料，去说明原始龙凤崇拜的虔诚和狂热，似乎有牵强附会之嫌。但是，不能忘记，作为自发宗教的龙凤崇拜，其祈雨风俗在有阶级社会中受到人为宗教的干扰是较少的，因而这种风俗能以原始古朴的色彩保留了下来，以至于人们能在解放前的天津地区祈雨风俗中看到那样众多的古老求雨仪式的遗存，同时，也可以看到

---

① 胡朴安：《中华全国风俗志》。

远古时代为了吃饭问题而祈求龙凤神物的那种虔诚和狂热。这大概即是"民俗为活生生的历史"的真正含义吧。

同样，在历史传说中，也有远古人类将种族的繁衍寄希望于龙凤的踪迹。

凤鸟与我国远古人类种族繁衍的关系较为密切，这在神话传说中有着明确叙述。《诗经·商颂·玄鸟》说："天命玄鸟，降而生商。"这里的玄鸟即是凤。《史记·秦本纪》说："秦之先帝颛顼之苗裔曰女脩。女脩织，玄鸟陨卵，女脩吞之，生子大业。"可见，秦族的女祖女脩也和商族女祖简狄一样，都是与神物凤鸟相感而孕的。女脩的后裔中有个人名为孟舒，"孟舒国民，人首鸟身，其先主为虞驯百禽，夏后之世故食卵。孟舒去之，凤凰随焉。"（张华：《博物志》）可见，其后世仍然在信仰着凤为种族繁衍神物的风俗。这种现象，显然是母系社会人类对生育知识贫乏所导致的，从而产生了类似近代我国所谓"麒麟送子"一样的民俗信仰。

在我国古代神话传说中，有关龙与种族繁衍的直接性描述并不多见，但也有一点痕迹。先秦时代，龙多作为传说中的圣贤与上天交往的坐骑。因此，才有禹平天下，有二龙自天降，禹御龙巡行域外的传说（《括地图》）。《山海经》也记载，禹的儿子夏后启乘二龙，上三嫔于天，得《九歌》与《九辨》而下。《左传·昭公二十九年》说，天帝赐给孔甲一对乘龙，且分为雌雄。《史记·封禅书》说，孔甲亵渎了天神，二龙就离他而去了。这表明，二龙与夏的兴衰有着重要的关系，夏兴则二龙降，夏衰则二龙去，二龙确存有象征王权的味道。

可是，深入分析一下，便可发现其中的矛盾。这是因为，龙既然作为王权的象征，那么，唯我独尊的王仅乘一龙即足够了，何必乘二龙？俗语说："二龙相斗，必有一伤"。夏后启乘二龙而上九天，不仅无法乘，恐怕不等到骑乘，二龙就打起来了。因此，二龙当另有别义。

二龙应该是种族繁衍、民心归顺的象征。孔甲所受赐二龙分为雌雄，因而可以推测有关夏代二龙的传说皆为雌雄一对。这样，二龙即有可能含有繁衍种族的寓意。对此，《国语·郑语》所载传说恰好做了注脚：夏末，二龙在王庭里交配，夏后用盒子把龙漦装起来。夏亡后，历商至周，直到周厉王时才将这个盒子打开，结果，龙漦化为一只玄鼋，有个宫女碰到它而怀了孕，生下个女孩，长大后成为迷惑周幽王、亡了西周的褒姒。而且，在河南偃师二里头文化遗址中，还出土绘有上为金乌（日）玉兔（月）、中为一头二身龙、下为云雷纹图案的彩陶片（图14）。这一头二身形象的龙，与汉代伏羲女娲二龙交尾图像虽有着明显的不同，但其含义却有着共同之处，都表达着古代人类希冀种族繁衍的浓厚愿望，只不过其造型显得更加原始、古朴而已。[1]

图14　1、2为河南偃师二里头出土龙刻纹陶片；
3为夏家店二里头文化陶片上的龙纹饰

　　由此，不仅使人联想到后世的"二龙戏珠"图案。后世的二龙戏珠图案，所表达的是富贵、吉祥、欢快的寓义。而珠的含义古人认为是龙的灵气所在，是稀世珍宝。但有两点

<hr>

[1]《考古》，1965年第5期。

是应引起注意的，一是珠为龙所生："凡珠有龙珠，龙所吐也……越俗以珠为上宝，生女谓之珠娘，生男名珠儿"（《太平广记》卷402引《述异记》）。二是历代珠的造型大多是有火焰的。火为阳精，是生命的象征。而珠则为胎珠，所表明的是种族的繁衍。二龙戏珠，一个"戏"字则恰到好处地表现了男欢女爱般的两性结合。因此，二龙戏珠所表达的原始含义应是两性的结合、繁衍种族这样一个古老的话题。

而死则是一个人的生命终结，远古人类在祖先崇拜意识的支配下，同样给予高度的重视，并有一整套送终仪式与之相伴。在这方面，龙凤这对神物也渗透到中国远古居民的葬俗文化之中。

在我国的丧葬俗语中，有句"驾鹤西归"的说法，意思是说去世者的灵魂已乘仙鹤飞上西天了。西天为极乐世界，这是佛门的看法。但上天是神仙居住的佳境，则是中国远古时代即已形成的观念。因此，将去世者的灵魂送上天去则是我国固有的一种民俗丧葬观。

为此，活人便为死人设计出了灵魂上天所能依赖的途径。于是，能够升天的龙和凤便担当起了这一重任。在湖南长沙陈家大山战国楚墓中，出土了到目前为止所发现的最早的一幅龙凤帛画（图15）。画面上有一少妇做祈祷状，其上方为一只扬颈展翅的凤，凤前边有一条头朝上的立龙。此帛画被覆盖在死者的棺椁之上，表现的是一种"复魂旌旐"式葬俗。"复魂"，即为招魂；"旌旐"，即将死者的身份标旌在旗帜上。整个画面的意思是，将死者的游魂招回来，由龙凤导引升天。因此，这幅画被定名为《龙凤导引升天图》。在长沙马王堆一号汉墓所出土的一副帛画，上面也有类似的龙凤图案，其用意和楚墓一样，反映的当是同一种葬俗，因而也应是一幅《龙凤导引升天图》。在长沙子弹库战国楚墓中还出土一幅《乘龙升天图》帛画，也属这种性质（如图16）。可见，在远古时代，形容生者去世的话不应是"驾鹤西归"，而应为"乘龙凤升天"了。

图15　战国《龙凤导引升天图》帛画　　图16　长沙战国楚墓《乘龙升天图》帛画

龙凤,这对中国远古居民所塑造的神物,在其作为自发宗教之际,即将其神秘意识渗透进中国人自生到死的主要环节之中。那层神秘的面纱虽然显得如此的玄远而缥缈,但散发着浓郁的乡土气息,令人感到既神秘又古朴,既原始又虔诚,既遥远又狂热。

(二)龙凤骗局延绵数千年

秦始皇振长鞭而一统天下,建立起我国第一个统一的封建帝国,不愧为杰出的地主阶级政治家。虽然,他迷信思想严重,然而,他还没有视自己为真正天子,而他那"祖龙"的雅号还是由方术者为他加上去的:"三十六年(公元前 211 年)……有人……曰:'今年祖龙死。'……始皇默然良久,曰:'山鬼固不过知一岁事也。'退言曰:'祖龙者,人之先也。'"(《史记·秦始皇本纪》)可见,秦始皇如同他以前的王一样,并没有自恃为神物的代表,其被看作与龙有密切关系的现象乃是那些"巫"们臆造出来的。

至刘邦君临天下之际则不然了。为了夺取和稳固天下,刘邦用自己的手,不仅垒起了神化其本人的迷宫,而且也为子孙建造起了神化的殿堂。于是,在《史记》与《汉书》中,便记载了刘媪与龙相交而生刘邦、刘邦斩蛇为赤帝子杀白帝子、刘邦到野外时常有云气在其上等神话。同时，在《史记》中，还记载了刘邦与薄姬为汉文帝编造的一段神话：薄姬原为魏王豹的妃子，汉灭魏后被发落于织造坊，因有点姿色而被刘邦纳入后宫。为亲近高祖，她说："昨夜，妾梦苍龙踞吾腹。"刘邦听后大悦，说："此贵征也，吾为汝遂成之。"后来生下个男孩，长大后即位为文帝。可见，刘邦所编造自己为龙种的神话，在神化自己的同时，也使其心理发生了变化，终于走进了"谎言重复千遍成真理"的怪圈之中。因此，刘邦在临终之际表白其心理，"吾以布衣提三尺剑而取天下，此非天命乎"，也就顺理成章了。从此，刘邦所发明的这套自欺欺人的"真龙天子"骗局，一直延绵了数千年。

不过，当朝天子为龙种的谎言，在没有得到系统的有神论武装和打扮之前，仅仅是一种肤浅而生硬的口号式观点而已。只有当这种观点被有神论巧妙的装扮之后，才能变成一种宗教式的封建迷信。在其趋向更加神秘奥妙的同时，也使这种观点形成一种民俗心理意识并逐渐加强了其对社会的欺骗能力。

最早运用宗教式理论为龙凤这对神物进行打扮的，是那个把儒学升华为"儒教"的汉儒董仲舒。在我国，儒学之所以被称为儒教而与道释一起并称为"三教"，其根本原因即在于董仲舒将阴阳五行学说杂糅入孔孟所创立的儒学中，从而改变了儒学的性质而使之成为一种纯唯心主义学说体系。在董仲舒看来，"天人感应"、"君权神授"是永恒的。他认为，"天者，百神之大君也"；"天子，号天之子也"；"天子父母事天，而子孙盖万民"。这样，天、天子与万民便构成了一个神与人的严整社会结构，完成了天子代表"天"来统治"万民"理论体系构筑的同时，也为"真龙天子"说披上了一层神秘的面纱，从而使其"祥瑞妖孽"说有了可以充分发挥的广阔天地。因此，他说："帝王之将兴也，其美祥亦先见。其将亡也，妖孽亦先见"，一国之君如能"亲近圣贤"，"上下相承顺"，"百姓皆得其所"，就能"致黄龙凤凰"；"黄龙见，凤凰集"，是"天"对人间即将出现的太平景象的一种预兆（董仲舒：《春秋繁露》）。如此"天人感应"说，不仅使其"君权神授"说有了貌似坚实的理论基础，也使龙凤文化由原始自发宗教而升华为带有"人为宗教"色彩的一种民俗文化。从此，其欺骗社会，愚弄民心的功能显然被大大地强化了。

大概正是基于此，有汉两代，最高统治者大肆地鼓吹龙凤祥瑞，并最终导致了谶纬神学的盛行。汉昭宣二帝特别重视"黄龙见，凤凰集"等所谓的祥瑞，史书上也几乎年年对此加以记载。始元三年（公元前84年）冬，为所谓的"凤凰集东海"，昭帝特遣使立祠，之后，又改年号为"元凤"。宣帝在位期间，仅《汉书》所记为出现"凤凰来集"、神爵（雀）或五色鸟飞过等所谓祥瑞而大赦天下、赐吏民爵帛的事即有十几起，仅因此而改年号即有三次，其中一次改元"神爵"、一次改元"五凤"，一次改元"黄龙"。对此，连后世的封建阶级知识分子都表示怀疑。宋人袁文即说："当时祥瑞，其真伪不可知。"（袁文：《瓮牖闲评》）清人赵翼说，天子"本喜符瑞"，臣下"附会其事"，"郡国所奏符瑞，皆未必得实。"（赵翼：《廿二史札记》）赵翼的说法，可谓一语中的。不过，如此上下推波助澜，却使龙凤文化的人为宗教欺骗成分与其自发宗教的民俗意识结合起来，从而变成了一种新的有利于维护封建统治的民俗心理而得以流行起来。

谶纬神学盛行于东汉时代，便是这种新的有利于维护封建统治的民俗心理泛滥成灾的一种反映。纬书《论语撰考谶》说："叔梁纥与征在祷尼丘山，感黑龙之精，以生仲尼。"而纬书《春秋演孔图》说得更露骨："征在梦黑帝使请与己交，而生孔子。"在此，孔子被认为和刘邦等人一样，都成龙种了，这是孔子生前所不曾想到的。既然儒学的创立者成了龙种，将儒学发展为神学的董仲舒也该属龙类了。于是旧题汉刘歆所撰《西京杂记》云："董仲舒梦蛟龙入怀，乃作《春秋繁露》词。"可见，为欺世盗名，编造龙凤神话，大搞谶纬神学的儒生们，连男性都可以与蛟龙梦交而生出个龙种来的神话都敢于大言不惭地编造了。

岂单是儒生，为了某种目的，即使封疆大吏也在肆无忌惮地编造着龙凤祥瑞的神话。东汉桓帝时发生了一段笑话：永康元年（公元167年）八月，"时民以天热，欲就池浴，见池水浊，因戏相恐'此中有黄龙'"（《后汉书·五行志》）。这句戏言被多事者听到，一传十，十传百，最后传到郡太守耳朵中。此太守深知汉桓帝是个龙迷，就认定这是祥瑞"黄龙见"，并决定立即上报朝廷。对此，有个下级官吏傅坚汇报了真实情况，但想拍皇上马屁的郡太守哪肯放过这个好机会，仍然坚持上报，结果导致了"史以书帝纪"。这表明，当时社会所刮起的龙祥凤瑞之风，其罪魁全在于上层统治者无中生有的劣根性。

将龙凤文化进一步人为神化的是道教。道教是我国土生土长的唯一宗教，其与龙凤的结合显得更为紧密。在道教中，不仅那些道教的创立者和传人，即使对道教理论的发展有过重要贡献的人，都被给予了神化而打上了龙凤文化的印记。天师道的创立者张道陵，"顺帝时客于蜀，学道鹤鸣山中，造作符书，以惑百姓"（《后汉书·刘焉传》）。他修过道的江苏宜兴张公洞，传说有龙食（《太平广记》引《逸史》），以此暗示张道陵即是龙种。其后传人张鲁，传说他有10个儿子，号称"张氏十龙"（《广博物志》）。传说张鲁的女儿在山溪边洗衣，被白雾缭绕未婚而孕，因感到羞耻而自杀，死后被剖腹，发现有一对双胞胎小龙（《道家杂记》）。如此打扮道教的创立者及其传人，无疑是想借助"真龙天子"在民俗心理中所造成的影响，为扩大道教的影响而鸣锣开道。

而对道教理论的发展曾作过重要贡献的人物披上龙凤文化的外衣，其目的则在于增强道教的欺骗性和诱惑力。葛洪是致力于道教理论的重要人物，据说他修道服丹后成仙，因而被后世教徒称为"葛仙翁"或"太极仙翁"。葛洪对龙凤、老君、天帝、神仙等深信不疑。他认为："有自然之龙，有蛇蝎化成之龙"（《初学记》卷30引《抱朴子》）。对于凤，葛洪说："凤具五行，夫木行为仁，为青，凤头上青，故曰戴仁也。

金行为义，为白，凤颈白，故曰绥义也。火行为礼，为赤，凤背赤，故曰负礼也。水行为智，为黑，凤胸黑，故曰向智也。土行为信，为黄，凤足下黄，故曰蹈信也"（《抱朴子》）。如此把五行学说同儒学的仁、义、礼、智、信及凤鸟的五彩完全结合起来，牵强附会，使凤鸟得到完全神化，从而使龙凤文化具有更大的欺骗性。

对道教的理论体系和宗教仪式进行极力建设，使之摆脱早期天师道的粗俗色彩而有着重要贡献的另一个重要人物，是北魏的寇谦之。他同样也是一个借助龙凤文化来扩大自己影响的著名道士。传说，他在嵩山修道时，太上老君乘云驾龙，与百灵、仙人玉女左右侍卫来到嵩山，令十二仙人传播他的"服气导引口诀之法"。之后，太上老君才带领众仙玉女等乘云驾龙而去（《魏书·释老志》）。这一派纯属子虚乌有的胡言，与葛洪从理论上神化龙凤一样，都在于借助龙凤文化的民俗性特点以充实和提高道教的神秘性、欺骗性。

甚至，道教的某些传说还在宣扬有法力和道行的天师、真君能招龙、号令龙的现象，表现了道教希冀神权凌驾于皇权之上的心迹。对此，《酉阳杂俎·怪术》记载了一个传说：云安近江有15里险滩，舟楫全靠人拉纤，否则即无法通过。

天师翟乾佑念商旅之苦，结坛作法，招来 15 条龙化作老人，令他们夷平险滩，以利舟行。群龙领命而去，一夜间风雷大作，第二天即有 14 里险滩变成了平潭，独有一里如故。翟天师知道有一条龙没有依令而行，于是再次登坛作法将其招来，一看原来是条雌龙。这条雌龙申辩道："乘船路过此处的皆为富商大贾，而拉纤的皆是云安的贫苦百姓。他们向来靠拉纤为生，若险滩被平，舟船通行无阻，他们又靠什么维持生计呢？因此，我宁可留险滩以赠纤夫，不愿利舟楫以便富商。"一席话把翟天师说得口服心服，于是召诸龙将云安近江险滩恢复原样。在《青琐高议·许真君》中，则编造了一个道士责令飞龙驾船的故事。如此传说的产生，其原因即在于龙为天帝所号令，而道中之所谓成仙者则为神，神自然可有号令诸龙的权力了。在此，道教便把自己放到了与"天"同等的地位上，从而使龙凤文化带有了更加浓厚的神秘性和欺骗性。

　　围绕着道教能驱龙使凤意识的出现，从而形成了一些有关的俗民心理和风俗。例如，李白曾有诗句说："身骑飞龙耳生风，横河跨海与天通"（《元丹丘歌》）。这种好人能借助神仙的帮助，骑龙乘凤渡过难关的民俗意识，在众多传说中都有反映，几乎形成了一类骑龙乘凤的题材。在民间，出现了问卦求签陋习。在官场，唐宋之际则有"金友玉简"仪式。据《宋朝事实类苑》引《东斋记事》，此仪式为：

> 道家有金龙玉简，学士院撰文，具一岁中斋醮，数投于名山洞府。天圣中，仁宗皇帝以其险远穷辟，难赍送醮祭之具，颇为州郡之扰，乃下道录院裁度，才留二十处，余悉罢之……予尝于学士院取金龙玉简视之，金龙以铜制，玉简以阶石制。

可见，所谓金龙，是铜铸的龙；玉简是石制，上有向神明所祈祷的文字；投金龙玉简，乃是祈求上苍诸神降吉祥、避祸灾的问卜。传说，天宝年间，北海太守赵居贞曾在云门山投金龙玉简，投毕，"有瑞云出于洞中，有声云：皇帝寿一万一千一百岁"（《金石录》）。孰知"瑞云"未散，安史之乱起，那个不爱江山爱美人的唐玄宗连皇位都不能保，至于其寿命则连个零头也不足了。

不过，中国土生土长的道教对龙凤俗文化的神化，就其程度而言，实在不如外来佛教更加深刻。但是，佛教中的龙，却是从中国传播去的。在梵文中没有"龙"的专用词，龙是和象合用一个词来表达的，叫作"Nāga"，音译为"那伽"："那伽，或名龙，或名象……水行中龙力大，陆行中象力大。"

象是印度特产，其在语言中当是最老的。龙观念传入印度之后，占有了古印度神话中象主宰雷电神位的同时，也被冠以象的专用名词。在唐玄奘的《大唐西域记》中，载有龙的传说共20则，西域5则，北印度5则，中印度10则，南印度一则也没有。且其内容，凡西域的龙传说皆明显地带有汉文化的特点，而葱岭以南的龙传说则有佛教文化特色了。这表明，龙文化是由西域传入印度地区的。

中国的龙传入印度，经过佛教的打扮再传入中国，与中国的传统文化再度结合后，使中国的龙文化发生了深刻的变化，具有了更大的欺骗性。这种变化的最明显之处，便是从此龙世界里有了一个完整的王国体系。在龙的王国里，最高统治者为龙王，龙王不仅有龙子龙孙，有豪华的龙宫和无数的奇珍异宝，还有分治四海的龙王，有龙王役使下的虾兵蟹将，而龙的王国又统属于玉皇大帝所管辖。如此一个完整的统治体系，显然要比儒学道教皆讲龙而不讲龙王、皆谈龙有神性而不谈龙在神世界中的地位要高明得多。

至唐代，自印度传入我国的佛教完全中国化了。在佛教中，美丽的鸟和高洁的花是正义和真理的象征，文殊菩萨所乘坐的或是狮子，或是孔雀和莲花台。因此，伴随着佛教的传入，凤鸟与缠枝花卉一起所构成的图案则在佛窟中大量出现，以宣扬精神不灭、轮回永生的佛教教义。从此，先秦时代所大量存在的云凤纹，一变而为花凤纹，使"凤穿牡丹"成为后世一种主要的吉祥图案。

如此龙凤变化，使其笼罩上一层佛的光环的同时，也促使我国某些民俗从唐代起带有了更大的欺骗性。在佛教所宣扬的极乐世界里，到处莺歌燕舞，鸟语花香。在敦煌早期石窟中，说法菩萨的上端常绘有莲花与忍冬相结合的花枝，颇有飞天的动态和效果，涂抹着神秘的宗教色彩。至唐代石窟中，花枝被衔于凤鸟嘴里，有的凤鸟如飞天形象，有的则立于莲花座上，显得祥和生动。如此凤鸟的被神化，显示了佛教图案世俗化、中国化的同时，也增加了佛教的吸引力和诱惑力。

而龙王国体系的建立，则在更大程度上推动了中国原有龙信仰民俗的发展和衍化。解放前，在中国主要农业区的各个村落中，几乎无处不建有龙王庙。这些龙王庙的建立，完全地被纳入了一个村落建设规划之中，成为一种必不可少的神坛设施的同时，也反映了龙崇拜意识在民间的强化。这种强化的发轫，当系佛教将龙王观念传入中国并在唐代才盛传民间之后为开端的。

　　不过，无论佛教如何改造中国所固有的龙凤文化，在中华大地上，佛门也只得屈从于龙凤原有的神性，并在此基础上加以发挥而使其带有佛教的色彩。例如龙，因印度热带性气候多呈局部性雷阵雨状态，暴雨较多且往往形成自然灾害，所以印度佛教认为下暴雨的龙是恶龙、毒龙，强调禁龙术的目的在于禁止龙下暴雨。《大唐西域记》卷3《乌仗那国》记载了一个传说，说这里有条毒龙下暴雨损坏庄稼，如来佛怜悯这里的人，降神到此，教化毒龙，叫它不要降暴雨，龙说："我做龙的也不能饿肚子，希望12年中能让我收一次粮食，储存起来过日子。"如来佛可怜这条龙，就应允了，因而这里平均每12年要遭一次水灾。但是，在中国，佛教的龙也是主持降雨的，因而和尚也要参入祈雨的行列。《酉阳杂俎·贝编》中有不空和尚"焚白檀（木）香龙"以祈雨的记载。《北梦琐言》中不仅有子朗和尚坐在大缸里求雨的记载，而且还记有后唐同光年间诚慧和尚在京师洛阳求雨几十天而滴雨未见，最后怕焚巫而溜之大吉，然而他死后还荣膺"法雨大师"谥号。凡此种种，所说明的仅有一点，那就是：

　　龙凤文化的发展和衍变有着特定的历史条件和社会土壤；

伴随着封建社会的漫漫长夜，龙凤文化的人为宗教色彩也必然绵绵流长；于是，一代人被愚弄欺骗了，下一代人又自愿地去被愚弄、被欺骗。这，大概即是民俗文化的魔力所在。

（三）"真龙天子"闹剧

有个电视剧的主题歌唱得好：

> 唱戏的是疯子，
>
> 听戏的是傻子。
>
> 你刚唱罢我登场，
>
> 进进出出本是那一台戏。
>
> ……

其实，龙凤文化所表现的欺骗特色也不亚于一台戏。在这台戏中，那些在社会舞台上尽情地表演着的统治者，极力把自己打扮为"真龙天子"，一代又一代地做着自欺欺人的勾当。而那些被统治者，也像戏迷一样，心甘情愿地接受着"真龙天子"的理论，痴迷盲从地听从着最高统治者的号令。于是，一个"疯子"驱使着一群"傻子"，使"真龙天子"这台戏在中国一唱就是两千余年。

是愚昧无知吗？确实是。但又不能完全用愚昧无知来解释。

这是因为：过去的中国人并不是完全的无神论者，他们心中需要树起菩萨的尊容，并以此作为自己的精神寄托。因此，经过人为宗教包装过的龙凤文化尽管有着欺骗性，但同样能充实旧时中国人头脑中的信仰空间，为他们所接受、所奉行。

何况，龙凤文化的构成有许多种色彩和成分。这其中，既有民众的纯朴期望和美好祝愿，也有统治者的龌龊心迹和卑鄙勾当。如此熔纯朴与龌龊于一炉，糅美好与卑鄙于一腔，最终变成了一种民俗心理而沉淀于历史的长河中。于是，疯子照常唱戏，傻子照常听戏，就这样唱来唱去，"真龙天子"的戏便在中国唱了数千年。

最高统治者与龙有着密切联系的现象应源于父系制时代。有的古文献记载："炎帝，神农氏，姜姓，母曰女登……感神龙而生炎帝，人身牛首"（《史记·三皇本纪》司马贞补）。"轩辕黄龙体"（《史记·天官书》），黄帝"人首蛇身，尾交首上，黄龙体"（《天官书》注）。在原始时代，龙与凤即被远古居民视为神，因此，当父系制时代到来时，那些逐渐变得不可一世的部落酋长，则很有可能被视为能驾驭龙凤这些神物，或被美化成与这些神物有着一定血缘关系，因而他们才具有超人的才能而成为有影响的人物。这种意识逐渐传播并受到大多数远古居民所认同后，便成为一种民俗心理而影响和约束着人们的思维活动，从而为"真龙天子"理论的问世奠定了基础。

进入奴隶社会后，统治者所宣扬的是唯我独尊，所信奉的是"尊神文化"，所利用的是社会所普遍存在的民俗心理。在商周时代，几乎所有的活动都要求神问卜，巫术活动担任者便是巫觋。巫觋不仅代表着奴隶主阶级的权威，而且是"天神"的代言人，成为奴隶制国家举足轻重的重要人物。于是，他们利用着从事"精神劳动"的特权，借助着已有的民俗心理，用神秘主义精心包装着龙凤文化，粉饰着奴隶主阶级的威严和太平。因此，在商代的青铜器图案中，凤与龙等纹饰同样充满着神秘怪诞的色彩。在周初，则有"凤鸣岐山"的传说，以此来证明周武王伐纣代表着上天的旨意，是定能兴周灭商的。类似这种现象的大量存在，不仅说明龙凤文化中的神秘主义色彩在增强，而且说明奴隶制时代的巫觋等神职人员是有意识将最高统治者打扮为"真龙天子"的始作俑者。

不过，值得注意的是，直至汉代以前，仅是那些从事神仙与方术活动的所谓布道者，在用龙凤所代表的祥瑞来粉饰太平，用龙凤所具有的独尊含义来包装君王。这就是说，汉代前，君王处于一种被别人打扮其为"真龙天子"的时期。

汉代以后则不然了。自此，被动语态变为主动语态，最高统治者争相演出"真龙天子"这场闹剧。中国人，在神秘的龙凤文化的氛围中，即那么疯疯傻傻地喧闹了两千余年，度过了一个民族的封建社会由建立到兴盛，再到衰败、灭亡的整个时期。这期间，就那些上演"真龙天子"闹剧的疯子而论，有不乏雄才大略的草莽英雄和旷世明君，也有想过两天皇帝瘾的龌龊小人，甚至还有想攀龙附凤的无耻之徒。

汉武帝可谓是一代盖世明君，但他偏偏对龙凤特感兴趣。他求仙心切，很希望能与神仙来往。但是，一个术士却对他说："皇上如果想与神仙来往，仅凭有一颗虔诚的心是不行的。您现在的宫室、被服都不像神仙的东西，神仙怎么能来呢?"汉武帝言听计从，于是用龙凤图案将宫中的一切装饰了个遍，第一次使皇宫沉浸在龙穴凤巢式神秘而又高贵的氛围中。

汉武帝之所以有着这种秉性，大概与其老子有关。且不说高祖刘邦即自我宣扬为龙种，从而使文景二帝具有了喜欢龙凤的天赋，即使汉武帝也被披上了龙的外衣，成为一个"真正"的龙种。对此，有传说云：

> 汉孝武皇帝……未生之时，景帝梦一赤彘，从云中下，直入崇芳阁。景帝觉而坐阁下，果有赤龙如雾，来蔽户牖。宫内嫔御，望阁上有丹霞蓊蔚而起，霞灭，见赤龙盘回栋间。景帝召占者姚翁以问之，翁曰："吉祥也。此阁必生命世之人，攘夷狄而获嘉瑞，为刘宗盛主也。然亦大妖。"景帝使王夫人移居崇芳阁，欲以顺姚翁之言也，改崇芳阁为猗兰殿。旬余，景帝梦神女捧日以授王夫人，夫人吞之，十四月而生武帝。景帝曰："吾梦赤气化为赤龙，占者以为吉，可名之吉。"（班固：《汉武帝内传》）

如此传说，一反自炎黄以来皆为女祖"梦交""梦与神遇"的传统说法，而变为景帝直接"梦"神龙光临皇宫。这不仅完全打破了在女性生理现象上嫁接"真龙天子"闹剧的民俗事象的传统模式，而且表明"真龙天子"观念已经成为一种独立的民俗意识和心理而游离于具体民俗事象之外了。

唐太宗是一位旷世明君，但对龙凤神灵亦情有独钟。唐朝的江山，主要是李世民打下的。但由于李渊在选择继承人上的不明智，终于导致了兄弟相残、宫廷内乱的玄武门之变。为夺取王位，李世民及其同党编造了"龙凤之姿"的神话。传说李世民出生之时，有二龙在宫门外嬉戏达三天之久方才离去。对此，有的文献直接说："二龙戏于武功县池，乃唐太宗生诞之瑞"（《渊鉴类函》卷438引《白帖》）。而《旧唐书·太宗本纪》中，将李世民的"真龙天子"身份说得更玄：

> 太宗生方四岁，有书生谒高祖，曰："公在相法，贵人也，必有贵子。"及见太宗，曰："龙凤之姿，天日之表，其年及冠，必能济世安民。"书生已去，使人追之，不知所在。因以为神，乃采其语名之曰"世民"焉。（《旧唐书·太宗本纪》，《新编分门古今类事·太宗书生》）

这则故事显然是李世民或其同党所编造的。这是因为，那位书生能够如神人般隐形，显然是不可能的。何况，若真有其事，日后李渊立太子也要立李世民而不是李建成。可见，这故事与李世民出生时二龙戏于宫门之外的传说一样，都是李世民为夺取政权、发动宫廷政变制造舆论，是为掩饰其杀兄诛弟夺取皇位的行为而制造的符合天命观和"真龙天子"民俗意识的借口和依据。

　　与天命观所符合的"真龙天子"民俗意识，为李世民之流的旷世明君借以发动宫廷政变提供了依据，也使一些龌龊小人找到了做皇帝梦的借口。西汉末年的公孙述可谓是这类代表人物的第一人。公孙述虽"察于小事"而"不见大体"，"道未足"而"意有余"，但凭他很会办事的长处，从一个小县令而升为导江卒正。王莽篡权之际，偏处西南隅的公孙述，依仗地险物饶，颇有自立之意。在其部下和妻子的撺掇下，先割地称王，之后即编造出"真龙天子"的神话，为其独立称帝制造根据："有龙出其府殿中，夜有光耀，述以为符瑞，因称尊号，改元曰龙兴"（《渊鉴类函》卷 437 引《东观汉记》）。这位自封的天子修筑白帝城，在西南一隅很是光彩了一阵子。但由于他任人唯亲，分裂割据，很不得民心，因而做了 12 年山大王式的皇帝便被东汉军队所杀，落了个满门抄斩的下场。

　　而袁世凯可谓是宣扬"真龙天子"的最后一位龌龊小人。袁世凯窃取辛亥革命胜利后，无时无刻不在做着皇帝梦。1915 年，他以"民主制度不适中国国情"为借口，宣布次年恢复帝制，改元洪宪。同时，制造了两则"真龙天子"的故事：

1915年10月，英国领事许勒德夫妇在游神龛洞时发现恐龙化石，湖北宜昌官员电奏北京，袁世凯册封该恐龙化石为"瑞龙大王"，并令省库拨款万元敕修祠堂，改宜昌为龙瑞县。当时《东方杂志》载文说："帝王于龙关系密切，方今国体更始，而石龙同时出现，其以祥瑞视之，又无足怪矣。"

一天，袁世凯正在午睡。一位侍婢做好燕窝汤，用玉杯盛着端来给袁氏享用，不慎失手，玉杯坠地为玉碎。这玉杯原是袁贼所收藏的一件古董，是其心爱之物。侍婢自知吃罪不起，吓得哭了起来。袁世凯的爱妾洪姨为婢女出主意道："等万岁爷醒来，你就奏言：进入内室时，见床上蟠着一条金龙，心一惊，手一抖，故而打碎了玉杯，求万岁爷恕罪。"婢女照着说了，袁世凯果然转怒为喜。对此，刘禺生以诗讽刺云："始知天上苍龙种，赖有人间碧玉杯"（以上两则传说见刘禺生：《洪宪纪事诗本事簿注》）。

袁氏虽然编造着"真龙天子"的故事，做着洪宪皇帝的美梦，但是，世道的变迁已经到了最后清除"真龙天子"余孽时刻了。在全国人民的唾骂声中，袁世凯只做了83天皇帝即不得不取消帝制，不久，便忧惧而死了。

在封建社会里，门第和出身曾被强调到无以复加的地步，

"龙生龙，凤生凤，老鼠生个儿子会打洞"的血统论变成了一种带有民俗性质的社会共识，曾严重地制约着一些出身寒微者的升迁。因此，那些出身贫寒的草莽英雄往往借助"真龙天子"来实现自己爬上最高统治者宝座的梦想。

南朝宋的建立者刘裕，虽是刘邦之弟楚元王刘交的 21 代孙，但历经汉魏六百余年，早已家徒四壁。他小名寄奴，自幼砍柴捕鱼，种地贩履，贫苦得很。为了宣扬其篡夺东晋政权的合法性，他曾编造了一连串自己为"真龙天子"的谎话：

> 微时，尝游京口竹林寺，独卧讲堂前，上有五色龙章，众僧见之惊。行止时，见小龙二附翼，樵渔山泽，同侣亦睹焉。及贵，龙形更大。伐薪新州，见大蛇，射之伤。明日复至，闻杵臼声，见童子数人，衣青衣，于榛中捣药，问其故，答曰：我王为刘寄奴所射，合散敷之。帝曰：王，神，何不杀之。曰：寄奴，王者，不死，不可杀。叱之皆散，收其药而反。每遇金疮，敷之并验。

（《南史·高祖武帝纪》；《新编分门古今类事·宋武龙章》）
由此看来，刘裕真不愧为汉室之后，刘邦的那套看家的本事完全被其所接受并发扬了。

如果说刘寄奴还是与龙种有点联系的破落户的话，那么，后梁的建立者朱温，则纯粹是一个"老鼠"的后代了。但是，这个幼年丧父，家贫无以度日，只得随家母为他人帮佣度日的"鼠子"却很会打洞，而且把洞一直打到皇帝的宝座上，当皇帝而君临了天下。朱温因小时候寄人篱下，没什么出息而被别人看不起。但他的母亲喜欢他，为怕别人欺侮儿子而编了一套谎话："我看见朱温睡着时变成了一条赤蛇，他可不是个寻常人，你们要好好待他。"这话可能是出于一片母爱，也可能是朱温为篡夺皇位而编造的瞎话，但却表明他确实有一颗野心。唐末农民战争爆发时，朱温参加了黄巢领导的起义军，因强悍善战而从队长做到防御使，后叛变降唐而被赐名全忠，因镇压唐末农民起义有功被封为梁王。当大权在握之际，他开始继续编造"真龙天子"式神话。唐昭宗时，他率兵与李茂贞决战于武功，当他登上山头观察敌情时，原来晴朗的天空却飘到了自己头上一块云。朱温抓住这一自然现象大力神化自己，认为这是帝象。在他篡位之前，他又说自己曾于夜间做梦，梦见白龙附于自己双肩（《北梦琐言》）。可见，朱温想做皇帝真是入魔了，以至于后世的人们无法弄清楚他是为做皇帝而编了梦，还是想做皇帝如迷如痴而真做了梦。

这大概便是那些演唱"真龙天子"这台戏者疯癫了一代又一代，一直疯癫了数千年的真实心态吧。

（四）老百姓也有自己的"龙凤"

龙为威严之尊，凤为百鸟之王。龙与凤的这种基本特征和神性，导致了龙凤文化在有阶级社会人为宗教色彩浓化的同时，也导致了龙凤神灵被最高统治者的据为己有。

但是，封建统治者忽视了一个最基本的事实：龙与凤的创造者是平头百姓，其最基本的神职是保佑平头百姓丰衣足食，幸福美满。因此，龙凤既可以与封建帝王同一互化，也可以同平民百姓同一互化；既可以成为封建帝王的化身，也可以成为平民百姓的保护神。龙凤文化的这种特点，正如刘禹锡所说的飞燕："朱雀桥边野草花，乌衣巷口夕阳斜。旧时王谢堂前燕，飞入寻常百姓家"（刘禹锡：《乌衣巷》）。龙凤文化能同时被封建帝王和平民百姓所利用的倾向，充分显示了其作为一种民俗文化所应具有的大众性、群体性特征。

对于龙凤祥瑞的出现，民间同样视为吉祥。例如玄鸟，民间认为是燕子。因简狄吞玄鸟卵而生契的传说，从而形成了燕子到来之际进行求子祈愿的习俗。《礼记·月令》云：

"仲春之月……是月也，玄鸟至，至之日以大牢祠于高禖。天子亲往，后妃帅九嫔卿，乃礼天子所御，授以弓矢，带以弓**韣**于高禖之前。"郑玄注云："玄鸟，燕也。燕以施生时来，巢人堂宇而孚乳，嫁娶之象也，媒氏之官以为候。"于是，天子亲自出马，命嫔妃于生殖之神简狄祠中挂弓矢，祈求早生继承基业的儿子。而《礼记》记载，民间生了男孩，"设弧于门左"，左为"天道所尊"；生了女孩，设"帨于门右"，右为"地道所尊"。"弧"为木弓，用以象征男性的阳刚；"帨"为佩巾，用以表示女性的温柔。由此，民间又衍化出到娘娘庙求子、偷瓜送子、摸秋祈子、麒麟送子等多种求子风俗，表现了民俗的多样式。

而且，平头百姓也能够变成龙凤。据说，云南省城附近的沙浪里有个"龙湫"，里面住着一条龙。这条龙经常变为人形出游，而将其鳞甲藏于乱石之中。有一天，一货郎坐在石上休息，看见藏在乱石中的龙鳞甲，一时觉着好玩，就索性披到了自己的身上。不想，顿时腥风大作，湫中水族认为龙主归来，纷纷出来迎接，货郎所变之龙即进入湫中。过了一会儿，真龙归来，寻不到鳞甲，即径直走入湫中。但湫中的水族不再认识它，真龙只好远走他乡。货郎"遂为龙，居其湫，乡人识之，呼为货郎龙"。从此，这一带年年风调雨顺，五谷丰登(《古今图书集成·职方典》卷1466引《云南通志》)。货郎变龙，与帝王变龙同样神秘，但说明龙凤文化并不是仅仅同封建帝王联姻的。

平头百姓不仅可以变龙，而且可以成龙王。据说，安徽颖州府有座龙王庙，也被称为"张龙公祠"。若是天旱，来此"求雨辄应"。(《集说诠真》引《安徽通志》)这个张龙公，名路斯，家在颖上县百社村，唐朝景龙年间曾当过宣城令，后被罢官而回家。他喜欢垂钓。一天，他突然发现垂钓处有宫殿，就住了进去。从此，夜出昼归，回家时体寒而湿。夫人吃惊，询问他，他说："我已经是龙了。蓼人郑祥远也是龙，与我争抢居住之处。明天，我们决战，应让我们的9个儿子帮助我。"第二天，在其9个儿子的帮助下，射杀了郑祥远，张路斯和他的9个儿子也都化为龙。自此之后，颖州人立祠以祷，香火日盛，久旱不雨，祈祷便得甘露。在此为郡守的苏轼也来祈过雨，"其应如响，乃益治其庙宇也"(《三教源流搜神大全》卷3)。这个传说很有点道教的味道。不过，类似这样传说故事的大量存在，则导致了我国江河湖海及水泊、水井中无处不有龙的存在了。

在民间传说中，百姓变龙者较多，变凤者较少。不过，变成各种鸟的传说倒不少。例如，长诗《孔雀东南飞》中所述一对恋人，死后"两家求合葬，合葬华山旁。东西植松柏，左右种梧桐。枝枝相覆盖，叶叶相交通。中有双飞鸟，自名为鸳鸯。仰头相向鸣，夜夜达五更。行人驻足听，寡妇起彷徨"。这对恋人死后所变鸟又叫孔雀，又名鸳鸯，坟旁所种树有松柏，还有梧桐，自然使人想起以"凤凰于飞，和鸣锵锵"象征爱情和谐，以"种下梧桐树，引来金凤凰"和凤"非梧桐不栖"来表示凤的高雅生活习性等。除此之外，还有众多变成布谷鸟、燕子、杜鹃鸟等故事传说。这些传说中的神鸟能护佑民生，捍卫纯真，鞭笞邪恶，具有了崇高的人格。

令人深思的是，封建帝王利用龙凤文化来包装自己，极力扩大的是龙凤神性和威严；而平头百姓利用龙凤文化来宣泄自己，着意表明的则是龙凤的人性和祥和。因此，民间流传着许多平民变龙护佑乡梓的传说。吉林省九台市有个村现在称"冷棚"，过去叫"龙棚"。为什么叫"龙棚"？传说，有个叫张祥的木匠，手艺赛鲁班，曾被龙王请去修龙宫，日久天长，便熟悉了龙王与虾兵蟹将，而且连怎样行云降雨也清楚了。一天，家乡出现了旱象，张祥听龙王说还要大旱99天，于是求龙王行雨。龙王借口旱涝晴雨为上天安排，置之不理，张祥气极将龙宫的立柱砍倒一根，致使龙宫倾斜而吓坏了龙王。龙王不得不改了旱涝簿子，答应马上去降雨，并保证以后永无旱灾水患，张祥也答应降雨之后修好龙宫。龙王亲自去行雨，并给张祥一件龙袍和一把金豆子，叮嘱张祥行雨时千万不能笑。张祥穿上龙袍，变成一条金龙，腾云驾雾，与龙王来到家乡上空降起雨来。一场及时雨降下，乡亲们无不高兴。张祥在云端看到挑水的媳妇，想逗逗她，就把手里的金豆子抛下去。谁知这金豆子变成了雹子，打破了媳妇的水罐，吓得媳妇抱头往家跑。张祥忍不住笑出声，结果从天上掉下来。雨过后，乡亲们见地上有条龙，认为这是为救咱老百姓而从天上掉下来的，就搭了个棚子为龙遮太阳，还不停地往龙身上泼水。龙王发现张祥没回来，为修龙宫，又派虾兵蟹将行风行雨，把张祥接回来。张祥修完龙宫后回到家中，详述前事。从此，人们把这儿称为"龙棚"，后来叫转了音，才称"冷棚"（《百花点将台》）。如此传说，所在多有，表明平头百姓心目中的龙具有呵护民生的明显特征。

在百姓心目中，属于百姓自己的龙大都有着报恩的道行，这是龙性人格化的又一明显特征。在这方面，最有代表性的是广泛流传我国南北各地的没尾巴龙的传说。

在浙江北部苕溪一带，有关于没尾巴百叶龙的传说：很久以前，苕溪岸边住着一对勤劳而又善良的夫妇。妻子怀孕一年，生下个似人非人、似蛇非蛇的怪胎。老族长知道后，要卡死这个奇怪的婴儿，但不忍心的母亲将婴儿倒入家门前的荷花池中。后来，妻子去荷花池边淘米，那个婴儿浮上水面，向娘讨奶吃。就这样，娘一天三次淘米，婴儿一天三次吃奶，一年之后长大了，现出了龙的样子来。这事被老族长知道了，他藏把柴刀，趁小龙再次出水吃奶时拼命向龙砍去。结果，小龙的尾巴被砍下来，一只蝴蝶飞到龙尾上，于是小龙有了条美丽的尾巴，也迅速长到十几丈长，腾空而去了。从此以后，苕溪两岸每逢干旱，小龙即飞来行雨，以报答娘想龙儿而哭干的泪水。因此，这一带年年五谷丰登。为感谢小龙，人们用彩布做成荷花瓣龙鳞和蝴蝶形龙尾，俗称为"百叶龙"（《浙江风物传说》）。

在广东端溪一带，有关于"掘尾巴"龙的传说：从前，端溪有位温姓老太婆，以捕鱼为生。一天，她在水边看到一只斗大的蛋，就捡回家来。过了十几天，蛋壳破裂，从中钻出一只尺余长状如壁虎的小动物。这个小动物能入水，能帮着老太婆捕鱼。只是，有一次老太婆不小心将这小动物的尾巴剁去一截。因此，小动物跑出去多年才回来。老太婆高兴地说："龙子又回来了。"这件事让秦始皇知道了，认为这是真正的龙子，于是派使者前往端溪召老太婆来都城。老太婆依恋故土，船到始安江还在唠叨回家，龙子就将船拖回到端溪。如此往复四次，秦始皇也没有把老太婆召到咸阳去。后来，老太婆死了，葬于始安江南岸，龙子经常来此掀起波浪，以浪推些沙子为老太婆的墓添点土。从此，当地人称这条龙为"掘尾巴龙"（王象之：《舆地纪胜》卷 101 引《南越志》）。由此可见，这个掘尾巴龙所通的人性，实际上即是民间孝敬父母的民性。浙江、四川等地的"望娘滩"等传说，其实也属于此种性质。

有关没尾巴龙的传说，恐怕流传最广影响最大的要数在山东及黑龙江等省几乎家喻户晓的"秃尾巴老李"的传说：据说，以前黑龙江不叫黑龙江，这个名字的由来与秃尾巴老李有关。秃尾巴老李的老家是山东，原村庄位于胶州湾旁。这个村庄里有李姓兄妹二人。有一年春天，哥哥出远门了，妹妹到河边洗衣服，洗完衣服后在河滩上睡了一觉，结果莫名其妙地怀了孕，到第二年农历四月初八生下了条小黑龙。

这畜生出世虽差点把娘吓死，但当娘的还是不间断地给他喂奶水。在娘的喂养下，小黑龙不到一个月就长得几丈长。哥哥回家后，认为是个不祥的怪物，磨快了菜刀去杀小黑龙，一刀落下，一道金光，一声雷响，小黑龙被砍掉了尾巴，腾空驾云到了天上。老天爷要小黑龙下暴风骤雨，小黑龙偏下甘露细雨。结果被上天充军黑龙江。黑龙江里原住着条白龙，叫白龙江。这白龙是条恶龙，经常发水闹灾，使来闯关东的山东人受尽了苦难。在山东老乡的帮助下，黑龙打败了白龙，成了这条江的主管。从此，江水被管理得十分驯服，人们也把这条江改名为黑龙江。

据说，直到现在，秃尾巴老李还在护佑着山东人。一是每年的农历四月初八日，秃尾巴老李回山东老家给他娘上坟，在天上大哭一场，向地上降一场甘露，解除着山东的春旱。二是在黑龙江上行船，若无山东人在船上定要翻船，因此，这里兴起了一种风俗，每当开船前，艄公都要大声地问："船上有山东人吗？"坐船的不论是谁，只要答一声"有"，艄公才开船。这样，可以得到秃尾巴老李的保佑，即使遇到风浪，也能平平安安。①

　　类似将孝敬父母、报效乡梓的观点掺入龙凤文化的现象，使龙凤这对神物更具有人格化特征的同时，也充分体现了劳动人民乞求社会祥和、百姓富足的美好愿望，表现了民俗具有神秘奇异色彩掩盖下的吉祥如意特征。这种特征，与封建帝王所垄断的龙凤文化的神秘、威严和霸道格调，形成了鲜明的强烈对比，反映了两种不同的民俗心理意识及它们之间的抗争与呼声。

　　龙凤文化哟，虽为一种文化事象，但其中似乎有两种调，就这样不和谐地交汇在一起，自中国的古代流淌而来，在昨天的岁月里，一直流着，流着……

---

　　① 据《山东民间故事》《墨湖传闻录》《潍坊民间文学》等。

四、游龙戏凤奏鸣曲

在当今世人的观念中，龙代表男性，凤代表女性。于是，男子的雅号，常常以"龙"字为名；女子的芳名，以"凤"字为名；至于男子叫什么"凤"、女子称什么"龙"的，即使在茫茫人海中有那么一位两位，也让人感到有点阴差阳错，心里别扭。这大概就是风俗，即是一种被人们所共同认可并自觉而不自觉遵守着的潜在规矩。

那么，在历史上，龙凤之间也有着两性的分工吗？龙凤分别代表着男女两性又是怎样形成的呢？这种性别的分工对龙凤文化本身及中国社会又有何种影响呢？如此等等，貌似简单的龙凤性别分工，其背后似乎有着深沉的历史奏鸣……

(一)"凤引龙"似乎能说明一切

慈禧是中国近代史上少有的权谋女人。她权欲熏心，掌握着清朝政权近半个世纪。她穷奢极侈，仅为庆祝 60 大寿即用去北洋海军经费白银百余万两。她媚外求荣，"量中华之物力，结与国之欢心"，最终，把个好端端的锦绣中华搞得国将不国，民将不民，成为外国列强的盘中餐，俎上肉，几被他人所瓜分。

但是，这位祸国殃民的西太后，死后仍然极为荣耀。在清东陵，数慈禧陵三殿最为考究。慈禧曾将隆恩殿及东西配殿全部拆除重建，一直修到这位老佛爷死时为止，仅重修时贴金一项即耗费黄金 4 590 两。慈禧陵地面建筑雕刻工艺豪华精致，在全部清陵中堪称独一无二。慈禧陵隆恩殿四周汉白玉栏杆、栏板、望柱上均雕刻有精美的龙凤图案。殿前龙凤彩石，不仅透雕工艺高超，而且"凤引龙"图案更为别致。在清陵中，其他陵墓的龙凤图案均为龙在上，凤在下，被称为"龙引凤"。唯独慈禧陵龙凤图案均为凤在上，龙在下，因而被称为"凤引龙"图案（图 17）。如此图案，将慈禧的权力欲思想表现得淋漓尽致的同时，也似乎透露出龙凤的性别分工的原因之一在于权力这个核心问题。

① 慈禧陵"凤戏龙"垂带石雕　　　② 慈禧陵汉白玉栏杆

图 17

　　不错，权力确乎曾是龙凤文化演变和发展的一个重要动力。在远古居民的心目中，龙的主要神职是降雨，因而具有无比的威力和能量。凤的主要灵性是祥和，是集中了所有鸟类优点的模糊集合，因而具有百鸟之王的独尊地位和权势。这样，凤的独尊地位和龙的无比威力相结合，便成为父权制社会男子主宰人类命运的一种绝妙民俗心理意识。大概正是因为如此，无论是炎帝黄帝，还是尧舜禹，都曾与龙凤有过密切的联系，或被看作是龙凤的化身，或被认为是驾驭龙凤的伟人。

进入有阶级社会之后，龙凤作为权力的象征达到了无以复加的地步。正是因为如此，龙凤在商周时代的青铜器上，才被描绘成恐怖、神秘、狰狞、严谨、规矩的形象，用作反映和表达统治阶级的权力、意志、理想和威严的标志。而在统治阶级强调自己的统治的时代里，被用作权力的象征的神物是无须有性别上的分工的。

只有当统治者从心理到理论上完成了作为"天"的意志代表之后，帝王所利用和崇拜的龙凤文化才有可能发生分化而被移作他用。周代初年，奴隶社会的圣人周公旦创立了"以德配天"的宗教政治伦理观，从而提出了"皇天无亲，唯德是辅"（《左传·僖公五年》引《周书》）的思想。从此，开始了最高统治者在心理上代表"天"的历程。因此，当"凤鸣岐山"之际，周武王认为兴周灭商这是"天意"，是周族将兴旺发达的祥瑞。

到秦始皇君临天下之际，最高统治者已在心理上完全确立了作为"天"的意志代表者的观念意识。秦始皇平定天下，海内归一，确为"自上古以来未尝有，五帝所不及"。因此，当李斯等人建议"古有天皇，有地皇，有泰皇，泰皇最贵。

臣等昧死上尊号，王为'泰皇'，命为'制'，令为'诏'，天子自称为'朕'"时，秦始皇说："去'泰'，著'皇'，采上古'帝'号曰'皇帝'，他如议"（《史记·秦始皇本纪》）。可以说，三皇五帝在秦始皇眼目中都被视为小字辈，唯独有"天"才可值得他去崇拜。因此，他封禅泰山，刻石琅琊，以求与上"天"交往，代表"天"的意志而统治天下。他寻求长生不老药，以求成仙而加入神的行列。这些都表明，秦始皇完全以"天"的代表者的身份出现了。

嬴政自号始皇，反对他的人用"今年祖龙死"来诅咒他，"龙"与"皇"皆被用作对最高统治者的喻指，反映的则是民俗心理对龙凤作为人君象征的认同。这种民俗心理，为几年后的刘邦以龙自喻为"天子"奠定了广泛的社会基础和不可缺少的必要条件。

伴随着龙凤作为人君象征的民俗观念意识的逐渐形成和确立，龙凤文化较为原始的含义才开始被统治者所运用。孔子将"凤鸟不至，河图不出"（《论语·子罕》）作为生命将终结的凶兆，懿氏之妻将"凤凰于飞，和鸣锵锵"（《左传》）作为夫妻和谐的象征，表明统治者在完成了龙凤作为政权象征民俗心理认同的前提下，已开始广泛地挖掘龙凤民俗文化的内涵了。

于是，自秦代开始，凤的秀丽和高雅的特点即被用于装饰如金似玉而又华贵雍容的皇后皇妃。秦代以前，女子头饰主要为笄。笄即簪，其实用性为别住头发。秦代，皇宫中的后妃采用以金银制作凤头、以玳瑁为脚的凤式头饰，代替了以往的笄，作为后妃专用头饰，被称为"凤钗"。从此，便揭开了凤被女性化的序幕。

至汉代，凤与上层女性的结合更为紧密。汉制规定，太皇太后、皇太后入庙，一定要戴以凤凰形象做成的头饰，称为"凤冠"。凤冠在以后历代又有所改变，至唐代即发展为形体较大、装饰性较强的头饰(图18)。而且，凤鸟嘴中衔有一串珍珠，从而为宋代凤冠霞帔的出现奠定了基础。这表明，自汉代开始，皇室贵族女性已开始从日常生活方面掀起了凤鸟女性化的浪潮。

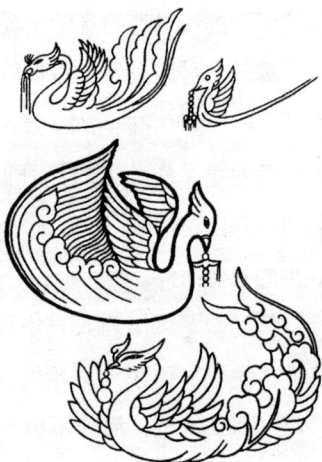

图 18　唐代头饰

民俗发生的历史已经表明，统治者的提倡和首肯曾是某些民俗形成的一种重要原因。尽管，封建统治者规定了凤钗为皇室贵族女性的头饰，但昨天是皇族女性的打扮，今天就可能影响到民间。至东汉时代，豪门女性即有以"步摇"为头饰者。步摇，顾名思义，为随着女性的走动而摇曳的头饰。其造型复杂，有所谓"贯白珠为桂枝相缪"之说，但主要是"一爵（凤）九华（花）"，此该为凤冠的一种民间型。至魏晋，豪富之家的婢妾也开始佩戴模仿性凤冠了。东晋王嘉撰志怪小说《拾遗记》卷9说："石季伦爱婢名翔凤……铸金钗像凤皇之冠。"

至唐代，凤钗已成为下层妇女的头饰了。王建有首《失钗怨》诗，即描写了一位新妇的细微生活侧面："贫女铜钗惜如玉，失却来寻三日哭。嫁时女伴为作妆，头戴此钗如凤皇。"贫家女出嫁，备不起金凤银钗，插一支铜凤钗也爱得要命，谁知拜堂后铜钗即丢失了。新婚第二天方才发现"镜中乍无失髻样，初起犹疑坠床上"。可是，遍寻不见铜钗踪影，新娘大为伤心。钟情的郎君以"高楼翠细飘舞尘，明日从头一片新"相劝，新娘才感到一点快慰。这表明，凤钗已完成了从宫廷到民间的普及，使凤与女性的关系密切结合了。因

此，宋代京都女性，"宣和以后多梳云尖巧额，**鬓撑金凤**"。（袁绹、袁颐：《枫窗小牍》）

与龙相比，凤因生活因素的掺入而最早出现了向女性靠拢的倾向，从而也导致了凤鸟本身最早出现性别的分化。凤为凤凰的简称。《初学记》云："雄曰凤，雌曰凰，其雏为鸾鹜。"汉代有一乐府琴曲歌名为《凤求凰》，其中有"凤兮凤兮归故乡，遨游四海求其凰"的诗句。后世，人们将"凤求凰"作为男女之间的自由恋爱，以喻爱情的美满。

但是，龙被作为有性别分工则是很晚的事情了。在唐代以后，伴随着佛教中国化历程的结束，佛教中的龙王观念不仅促使中国的龙建立了自己的王国体系，而且也导致了龙性别意识的产生。因此，在唐代以后的龙王国中，不仅有负守土之责的种种龙王，而且有龙子龙孙和龙女。在传说中，龙子龙孙的德性往往优劣参半，而龙女的心地大都善良仁慈。这表明，世间男女的性格差异，同样被作为神物龙凤的参照系，并以此来描述人们心中的龙凤形象了。

除此而外，后世龙凤所代表的男女性别上的分工，还与男女在封建社会的地位有着直接而密切的联系。毋庸讳言，自父系制确立那天起，男子即成为社会的主宰，而女性则被置于了被奴役、被蹂躏的历史漩涡中。但是，在女性的自由程度上，似乎有一个逐渐被窒息的过程。在周代，男女尚有一点自由恋爱的权力。《周礼·地官》还说："仲春之月，令会男女，于是时也，奔者不禁。"即使在《诗经》中，也还有不少诗歌谈到男女青年在晏晏春天，于桑林、水边嬉戏达情的欢乐场面。婚姻自由程度如何，是社会和家庭地位高低的一个重要参数。因此，那时的龙凤还没有必要进行性别上的划分。

但是，自战国时代之后则不然了。孟子最先讲了"男女授受不亲"、"夫妇有别"的话。《礼记》则把这种"男女有别"的大防原则运用于社会生活中，制定了一系列具体的防范措施。这一系列清规戒律，就其实质而言，归根到底仅是为了束缚女性而已，只是为了防范女性的所谓越规而设置的大防。从此之后，女性在婚姻上的主权地位开始大部丧失，相应而来的，则是其社会地位也每况愈下了。正是在这种社会氛围中，最高统治者开始拾起龙文化的牙慧来打扮自己，而把凤文化的秀丽、华贵特征分了一点给那些附庸于他们的女性。

但是，凤的高贵特性毕竟太诱人了，因而凤文化向女性的偏离变异是那样的艰难和步履蹒跚。汉代，当刘邦、刘盈、刘恒、刘彻及其子孙大呼自己为龙种，并编造了一套又一套有关"真龙天子"的神话之际，仍然在一次次地制造着"凤凰集东海"（《汉书·昭帝纪》）、"凤凰来集"（《汉书·宣帝纪》）的所谓祥瑞。最高统治者如此重视龙凤宣传，使龙作为天子象征的意识逐渐成为一种民俗心理的同时，也将凤拉入了这种民俗意识中。在《史记》中，司马迁叙述汉高祖的起家只提龙不提凤。到东汉，张衡论刘邦君临天下，便说"龙飞白水，凤翔参墟"（张衡：《两京赋》）。龙凤自有阶级社会以来，即被作为最高权力的象征，是否为司马迁的无意疏忽？还是张衡的着意打扮？正确的解释应该是：龙在作为天子象征的发源期，自然被强调到无以复加的地步，这种有点矫枉过正味道的现象使司马迁的笔下流出了刘氏"真龙天子"的狂想曲，而使后世的张衡感到，唯独将凤与龙一起作为天子的象征，才能符合龙凤的本义。

于是，自此之后，龙凤被无性别地运用到天子身上。黄帝自称为"真龙天子"，其即位前的府第称"凤邸"，即位后的帝座称"凤宸"，乘坐的车子称"凤车"或"凤凰车""凤辇"，所用仪仗称"凤盖"，所下诏书称"凤诏"，宫中楼阁称"凤楼""凤阁"。如此等等，不一而足，好像皇帝这条龙生活在一个凤巢之中。汉代班固赞誉刘邦"登龙舟，张凤盖，建华旗"（班固：《西都赋》）。至唐代，马周还颂喻唐太宗"鸾凤龙云"（《旧唐书·太宗本纪》）。武则天小时候，乳母给她穿了男孩衣服让相面先生袁天纲看相，袁天纲大吃一惊："此郎君子龙睛凤颈，贵人之极也。"还说，可惜这是个男孩，若是女孩实在贵不可言，日后要做天下之主的。《旧唐书》记载这则传说时，也觉得太玄，于是加上了"袁天纲前知武后，恐非格言"的评语。这些迹象无不说明，至唐代，龙凤的性别区分还是不太严格的。

唐代以前，龙凤还被用来形容一些才华出众的男性。东汉末年，诸葛亮与庞统即获有"卧龙""凤雏"之美誉。魏正始二年（公元 241 年），太仆陶丘一等上表荐管宁，用"龙凤隐耀"一词作喻。陆云 6 岁能写出上乘文章，闵鸿见了叹为神童："此儿若非龙驹，当是凤雏"（《晋书·陆机传》）。这在封建统治者以龙自喻的时代，若是龙被皇帝所专有，那是要犯大逆之罪的。可见，此时"真龙天子"的曲尽管已弹了多年，但"龙"还没有在法律上被皇帝所专有。

甚至，在生活中，凤的形象也被男子所运用着。唐朝宰相的朝服上被饰以凤池。民间男性的服饰，也常见绣有双凤图案。唐代著名诗人王勃有诗句云："为君擣衣裳，纤罗对凤凰"。（王勃：《秋夜长》）鲍溶有诗句说："百日织彩丝，一朝停杼机。机中有双凤，化作天边衣。"（鲍溶：《织奴词》）固然，双凤在此时已有夫妻恩爱和谐的寓意，但若无男子仍崇尚凤的习俗存在，恐怕穿上绣有双凤图案的衣服会让人戳脊梁骨的。

正是因为如此，才出现了众多龙争虎斗式的龙凤斗。在神话传说中，凤大都被描写成为吉庆祥瑞的象征，但也有把凤鸟描写成凶猛无比的神鸟者。因此，凤鸟除了有大量的形象优美图案外，还有一些表现其威力的图案。例如，湖北江陵战国墓中所出土的一件木雕彩漆座屏，主题即是凤鸟啄蛇的情景，以此象征正义战胜邪恶。在战国青铜器上，有凤鸟衔蛇的图案（图19），其意大概也在于此。这些图案突出凤鸟鹰类等猛禽的健壮威武特征，相对减弱孔雀、雉鸡等秀禽的温顺美丽色彩，与汉唐坟墓石刻、灵枢等上所绘具有镇守墓室、除妖去邪职能的凤鸟有着异曲同工之处。这显然表明，凤也不是软弱可欺者，凤与龙一样，都能成为代表强权者的象征和符号。

图19 战国凤蛇相斗图案

以凤作为强权者的代表，在中国历史上也并非没有记载。我国第一位称为皇帝者的女性为陈硕真。永徽三年（公元652年），农民起义首领陈硕真在浙江睦州起事，自称"文佳皇帝"。后来，在新安江下游一座山上被俘而死。但民间传说文佳皇帝没有死，而是骑着凤凰升天了。凤凰升天之际，落下了无数羽毛，化作满山的松柏。后人为纪念陈硕真，就称此山为落凤山，并在山上建了凤亭祭祀她。

如果，有关陈硕真传说产生时间还难证明是当代还是后世，那么，武则天做皇帝大搞凤瑞而不提龙祥则有确切的时间根据。传说，"则天初诞之夕，雌雉皆雊"（《酉阳杂俎》卷1）。这很有点"牝鸡司晨"的味道，很可能是有人反对武则天当权而编造的瞎话。武则天为独揽大权，上元三年（公元676年）十一月，陈州奏报，凤鸟见于宛丘。武则天认为这是凤瑞，立即改元"仪凤"，首次表明了她以凤自喻的态度。唐高宗死后，武则天以皇太后的身份临朝称制。为了显示她的"至高无上"，下令改称中书省为凤阁，改称门下省为鸾台。显然，这绝不是官僚机构的简单改名，而是国家中枢机构必须唯武则天马首是瞻的真实写照。载初二年（公元690年）九月五日，"群臣上言，有凤凰自明堂飞入上阳宫，还集左台梧桐上"。这显然是有意推武则天为帝者劝进和阿谀奉承之词。于是，武则天也顺水推舟，四天之后，即"革唐命，改国号为周，改元为天授"（《资治通鉴·唐纪》），做起女皇来了。这表明，龙与凤的两性分工，其中确掺杂有男权与女权之间争夺最高权力的斗争韵味。

至宋代，伴随着理学的形成和问世，女性被完全地禁锢起来的同时，龙凤的两性分工才逐渐明朗化了。宋代皇帝的车舆以龙饰为主，称"龙辇"，皇后的车舆以凤饰为主，称"凤舆"。但还有不固定的时候，如宋哲宗时皇太子坐"六龙舆"，皇太妃次一等，坐"龙凤舆"。

不过，至北宋末年，封建帝王却把"龙"字一度垄断了。

《夷坚志》记载，政和八年（公元 1118 年），"时方禁以龙、天、君、王、主为名字"，因此，一个叫王龙光的士人及第后，"唱第之日，而赐名宠光，头上加帽盖谓是云"。在此禁令之下，有意无意为帝王垄断龙文化的帮腔文人，连将杰出人物喻为龙凤的胆量也没有了。甚至，连相面打卦的市井小人也不敢言龙驹凤雏了。于是，"相者说，龙，人臣得其一体，当至公相"（吴曾：《能改斋漫录》）。文人谓："马蹄踏破青青草……龙爪拏开淡淡云"，"此子有魁天下之志"。（曾敏行：《独醒杂志》）这一切都表明，龙自此之后便被作为皇帝的专利品了。

适应着这种高压政策，龙凤习俗的两性分化至明代才从制度上最后固定下来。明制：皇帝车舆全部为龙纹，后妃玉辂则一色凤纹。凡与皇帝有关的一应事物，皆以"龙"字命名，如龙袍、龙床、龙庭、龙辇、龙舟、龙舆、龙旗、龙凤花笺以及龙神龙光、龙恩浩荡、龙颜大怒、龙行虎步等等。而与后妃有关者则以"凤"字取义，如凤冠、凤绣、凤椅、凤辇、凤罩、凤阁等等。在明清两代的宫殿群落里，雕梁画栋，皆为龙凤图案，而且其布局则为左龙右凤或下凤上龙。有人做了一下统计，仅太和殿即画有青龙 12 654 条，整个故宫有多少条龙就可想而知了。如此众多的龙，象征和体现着皇权至高无上的尊贵和不可一世的威严，同时，也反映了男权的"最辉煌胜利。"

不过，不能忘记，龙凤的两性分工既然是最高统治者所实行的人为规定，因此，当女性作为极权者时，"凤鸾颠倒"的事情便会有可能发生了。在中国封建社会末年，慈禧这位老佛爷上台了。这位权力欲极浓的当权者，肯定是咽不下龙在上、凤在下那口气的。虽然，她没敢冒天下之大不韪而将紫金城的龙凤来个天翻地覆，但她确实在自己的墓地上刻下了"凤引龙"的印记。这，大概即是那个弄权近半个世纪的女人的心。

（二）龙凤未必能呈祥

龙与凤，一个为动植物与自然物的模糊集合，一个是美鸟类的模糊集合，二者同为神物，似乎是天生的一对，可以对应互补：龙变化升腾有余而祥和温柔不足，凤美善祥瑞独具而威严至尊欠缺。如果，两者携起手来，便龙盘凤逸、龙凤呈祥了。

其实，这仅是人们的良好祝愿而已，实际上，龙凤未必能呈祥。

　　龙与凤，为天生一对，地造一双的观念，恐怕要到晋代才能在人们的思维意识中有所反映。东汉时代，班固、张衡等人的赋中虽有龙凤相配对的现象，但那还是仅作为刘邦是极权者的象征而发出的议论。到晋代，陆机《羽扇赋》中有"隐九皋以凤鸣，游芳田而龙见"的诗句，则是在语言上寻找对仗了。自此之后，文人们有意识地运用龙凤对仗，使龙对凤像天对地、日对月、山对水、花对草一样天经地义。这表明，龙凤成对自晋代即已作为一种语言民俗而出现了。

　　事物既然成对，在民俗意识中，最美好的成双成对的事物莫过于男女两性了。因为，在古代人的心目中，"天地之大德曰生"，"生生之谓易"，"天地氤氲，万物化醇；男女构精，万物化生"（《易经·系辞下》）；"君子之道，造端乎夫妇，及其至也，察乎天地"（《中庸》）。这就是说，中国古代的宇宙发生论是一种拟人化的宇宙发生论。这种宇宙发生论将男女交合作为最基本的出发点，由男女交合产生人类后代比附类推到天地交合产生万事万物，从而得出阴阳交合之道是宇宙发生的基本原理；之后，又用阴阳关系去论述上下、尊卑、主从关系，最终得出了男尊女卑这样一个天经地义的"自然之理"。这种类似于黑格尔圆圈式逻辑的循环论证，完成了由人类学到哲学，再到社会伦理学论证的同时，也实现了人类玩弄理性诡计的自我蒙骗。

于是中国人便在这种自我蒙骗中自欺欺人地生活了数千年。

可以说，这种蒙骗在原始社会的晚期就已经开始了。自进入父系社会替代母系社会之际，远古时代的中国人即开始了这种比附类推式理论的构筑，从而为父系制的确立奠定了强大的哲学理论基础。进入奴隶社会替代父系社会之际，中国人又开始了由男女关系去论证君臣、父子、夫妇关系的社会政治伦理学思考，为国家统治模式的建立提供了强大理论的同时，也把男女婚姻问题摆到了社会政治伦理学出发点的首要位置。

于是，龙和凤也被赋予了男女婚配色彩，从此开始了这对神物对中国人的婚姻所带来的表面上呈祥实际上凄凉的漫长岁月。

但是，奇怪的是，在唐代以前，所有关于龙的传说似乎都没有雌性龙的内容，因而龙的产生要么是由人类的女性怀孕生出，要么须由蛇或其他动物变化而来。只是在商代以前有"禹乘二龙"等传说，似乎还有点龙也分雄雌的朦胧意识。不过，在《淮南子·地形训》中，却有"龙生万物"的论调，有"飞龙生凤凰""应龙生建马""蛟龙生鲲鲠""先龙生玄鼋"，即世上所有的鸟、兽、鱼、龟皆生于龙的记载。如此说法，前不见古人，后不见来者，只是段成式在《酉阳杂俎》中予以照录，虽怪诞不经，但符合龙既为天子，即占有天下一切那种"普天之下，莫非王土；率土之滨，莫非王臣"的观念，也与商代以前多"二龙"传说，以"二龙"作为种族繁衍、民心归顺象征的模糊意识相融洽。对此，已于前述。

"龙生万物"的论调后来之所以消沉下去，是因为龙作为"天子"象征的理论正在顽强建立之中。当最高统治者急需一种文化的某个侧面作为巩固其统治的理论依据时，这种文化的其他侧面是得不到快速生长的。于是，龙文化的生殖功能受到了暂时的抑制，在唐代以前不仅没有被区分为两性，而且连"龙生九子，不成龙，各有所好"（杨慎：《升庵外集》卷95）也成为一种俗语了。

在此种社会氛围中，与龙相对的凤便担当起了婚姻与生育象征的功能。于是，凤便较早地被划分为雌雄两性，凤为雄，凰为雌，"凤凰于飞，和鸣锵锵"便成为夫妻和谐的象征。

战国时代，即产生了凤凰为夫妻和谐象征的传说。具有浪漫主义色彩的萧史吹箫引凤凰的传说即是一例。据说，秦穆公的爱女名弄玉，姿容绝世，聪明过人，擅长吹笙，其音如凤鸣。为此，穆公专门筑了座凤楼，楼前修一台名凤凰台，以供爱女吹笙。弄玉及笄后，发誓要找一个善吹笙的男子为夫。后来，有一个人名叫萧史者善吹箫，"才品一曲，清风习习而来，奏二曲，彩云四合，奏第三曲，见白鹤成对，翔舞于空中，孔雀数双，栖集于林际，百鸡如鸣，经时方散"（《东周列国志》）。于是，弄玉同萧史结为伉俪。一日，夫妇月下吹笙，引来紫凤赤龙，两人乘龙跨凤翔云而去，双双脱离凡尘。后代，箫被称为"凤箫"，有曲牌名为"凤凰台上忆吹箫"等，皆源于此。

不仅有此传说，而且有着实物予以反映。战国时的漆器、金银错等工艺品上的图案，大都使用了凤鸟图案等，其中一些即是这些传说的体现。战国时的一漆盘为双凤图案（图20），是一种非常典型的战国凤鸟图案。每只凤

图20　战国漆盘

鸟皆为长单形，头部为块面，颈部为斜形，躯体用点，尾巴为斜线，呈放射状孔雀羽翎式，与颈部斜线相呼应。两只凤鸟遥相呼应，其间有旋涡状纹相伴。整个画面呈"S"形布局，更显得生动、圆满。欣赏此画盘，恰似在欣赏古代自由婚姻那爱情的纯朴、夫妻的和谐、婚俗的明快，令人心旷神怡。从此，凤求凰式"喜相逢"图案便成为婚姻吉祥的一种主要样式。

汉代，有凤求凰式浪漫姻缘。被历代文人传作风流佳话的司马相如同卓文君的结合，便是一例。据记载，家贫如洗的才子司马相如客居临邛时，在当地首富卓王孙招待他的宴会上，曾勉强地弹奏过一二支曲子。是时，卓王孙的女儿卓文君新寡，极爱好音乐，听到司马相如所奏，"窃从户窥之，心悦而好之，恐不得当也"，感到自己遇上了知音。于是，两人私奔成都，结为夫妻。（《史记·司马相如列传》）在汉乐府中，有歌名为《凤求凰》，《乐府诗集》题作《琴曲》，并引《琴集》认为是司马相如追求卓文君之诗，恐为他人附会。在此，不管《凤求凰》乐府是否为他人附会，但至少说明汉代已将凤凰分别雄雌两性，并把其作为自由婚姻的一种象征。其诗云：

凤兮凤兮归故乡，游遨四海求其凰。

有一艳女在此堂，室尔人遐毒我肠，

何由交接为鸳鸯，颉颃颃颃兮共翱翔。

凤兮凤兮从凰栖，得托子尾永为妃。

交情通体必和谐，中夜相从别有谁。

——《乐府诗集》

但是，不能不看到，尽管《凤求凰》的诗是美的，自由恋爱的私奔也是浪漫的，甚至，弄玉与萧史这对知音脱离凡尘式的知音神话更让人感到心旷神怡，而现实中的婚姻并没有得到凤文化的打扮而充满了凄凉。

不是嘛，卓文君与司马相如为了爱情而私奔了，但却把卓王孙气坏了："女至不材，我不忍杀，不分一文也。""不忍杀"三个字，不仅表达了父亲的绝情绝义，而且透露了封建婚姻制度的威严以及"父母之命，媒妁之言"风俗的严酷。在此婚姻制度与风俗之下，又有谁还能得到婚姻的美满幸福呢？于是，《孔雀东南飞》式的文艺作品便成为不朽的光辉著作，震撼了一代又一代中国人，直至今天仍有着旺盛的生命力而昭示着炎黄子孙去争取婚姻的自由与幸福，去谱写"凤求凰"式的乐章。

至唐代，以凤鸟来表示婚姻的
美满和幸福，其典型图案为嘴上衔
有"同心结"，尾巴上翘，双翅一伸
一屈，两足一直一缩，昂首挺胸的
样式，既表现出健壮的形体，又刻
画出内在的温柔（图21）。为什么如
此？其源本于《诗经·东山》所记
载的女子出嫁风俗："亲结其缡，九
十其仪。"缡，即为用丝带结成双扣

图21 含同心结唐铜镜凤鸟

以表示夫妻同心相爱的同心结。对此，《隋书》中也有记载：
"炀帝遣使者赍金盒子帖纸，于际亲署封字，以赐夫人，盒中
有同心结数枚。"可见，此种凤鸟图案可谓揭示了婚姻幸福美
满的核心思想，因而曾在一些亚洲国家广泛流行而成为一种
主要凤鸟形象。

至宋代，象征夫妻和睦幸福的典型凤鸟图案为"喜相
逢"，也可以称为"鸾凤和鸣"或"凤凰于飞"（图22）。"喜
相逢"双凤图案的基本造型一致，但上面一只凤有一冠状物
头饰名"胜"，是古代男子成年后加冠名"胜冠"（《汉书·石
奋传》）的简称，以此表示为雄性凤。无胜者，为雌性凰。两

只凤鸟布局创意于"喜"字，S形分割线为"相逢"的意境创造了无限的情趣。双凤或作回顾状，互相对视，好像在窃窃私语，含情脉脉；或作旋转式，似在相互追逐嬉戏，同样表现出人间夫妻恩爱、美满幸福的无限情趣。

图22　宋代建筑"喜相逢"图案

但令人感到似乎不可理解的是，伴随着龙凤性别分工的明朗化，宋代及其以后出现了"龙凤配"的传说，并将此称之为龙凤呈祥。而且，在当今较为隆重的婚宴上，必有道菜被雕成龙凤形象，并名之曰"龙凤呈祥"。龙与凤，本是两种不同的神物，一个主要以爬行动物为模特，一个主要以飞禽为借鉴，本属于两种不同的物种，却被古人强拉来配合在一起，实在令人不可思议。

对此，有的学者认为："它是古代拜龙的部落与拜凤部落历史性的联姻，这联姻的历史形成了文化上的大融合。时代久远，岁月如流，两族联姻的史迹早已湮灭，但民间仍然把联姻仪式中保留下的图画及祝词珍存下来，遂使'龙凤配'这古老的观念标志，永远活在中华民族的文化习俗之中"①。很显然，此种观点是把龙凤配的出现建立在龙凤为古代图腾的立场上。试问，为什么龙凤配的意识在我国宋代以前的社会中没有出现？难道距离原始社会越久远，人们对于远古的观念标志记忆得越清楚？

　　显然，所谓的龙凤图腾观是不能回答龙凤配问题的。龙与凤之所以能配合，其原因正如前述，龙与凤在春秋战国之前皆被作为权力的象征，自秦代开始，龙逐渐被最高统治者所垄断，变成了封建皇权的象征，代表着封建帝王至高无上的威严，而凤则变成了皇帝的附属物，成为后妃的化身。至宋代，龙与凤在完成了这种过渡之后，尤其是自北宋末年对龙凤纹的使用加以明令限制之后，龙与凤便分别被皇帝及其后妃所占有了、垄断了。元代即严令，除皇族外，官僚及百姓的服装不得使用龙凤纹，器皿、帐幕、车舆等，亦皆不得使用龙凤纹（《元史》卷718）。这样一来，龙凤配便自然是指

---

① 王大有：《说龙·龙的传播》，《中国文化报》1988年3月9日。

皇帝的婚配了。

谈到皇帝的婚配，自然使人想到有一剧名为《龙凤呈祥》。该剧为传统剧目，是《甘露寺》《回荆州》《芦花荡》的合称。剧中描述了孙权与周瑜设美人计，言称欲以其妹嫁给刘备，诓刘备过江，逼还荆州，不想刘备被孙权母及其妹看中，招赘为婚，落了个"周郎妙计安天下，赔了夫人又折兵"的千古笑料。

这段姻缘被绘声绘色地予以描述，并被称之为"龙凤呈祥"，认为是帝王姻缘之中的美满者。但实际上，刘备娶孙权妹为妻，是一件政治色彩极浓的婚事。东汉末叶军阀混战之际，刘备与孙权皆成为拥有实力的"铁腕人物"。为共同抵御雄踞中原的劲敌曹操，两者必须结成政治联姻，否则皆有灭顶之灾，孙夫人即是这两派军事势力的连接纽带。为此，《三国志》有刘备娶孙权之妹，以图与东吴联成一脉共谋御曹的记载。但是，当三国鼎立局面形成后，"先主（刘备）入益州，吴遣迎孙夫人"，"夫人欲将太子归吴，诸葛亮使赵云断江留太子，乃得止"。（《三国志·蜀志》）而"先主崩于白帝城，夫人欲归不得，望江哀泣"。（《江晋春秋》）这表明，蜀汉与东吴联姻，在"共谋御曹"中确实发挥过重要作用，但当这种联盟的作用消失之际，孙夫人也只得以泪水洗面了。可见，即使像刘备与孙夫人有着深情的龙凤配，也是没有多少吉祥可呈的。

固然，在中国古代史上，也确有把心上人册立为皇后的帝王，但同样也离不开政治需要为前提。东汉光武帝刘秀在做皇帝前，与新野美女阴丽华情深意笃，婚后如胶似漆，恩爱有加。但当他在北方遭到挫折，不得不依附拥兵十余万的刘扬时，也不得不按刘扬的意思娶其外甥郭圣通为妻。刘秀称帝后，在刘扬势力的逼迫下，又不得不册立郭圣通为皇后。直至刘扬势力被瓦解后，刘秀才废掉郭皇后，立阴丽华为皇后。（《后汉书·后纪》）如此结婚、再婚、立后、废后、再立后的曲曲折折，龙凤呈祥的味早已跑到爪哇国去了。

这就是龙凤呈祥哟。

何况，在最高统治者心目中，后妃本来是附属品，因而皇帝可以随意占有女性，尽情戏弄女性。俗语说，皇帝有"三宫六院七十二妃"。其实，这仅是对帝王一夫多妻生活的一种概括，而历代皇帝所拥有后妃的数量大都远远超过这个数。东汉时，"后宫采女五六千人，从官侍使复在其外"（《后汉书·荀爽传》）。魏晋期间虽战乱不已，宫妃却达"数万"

（《三国志·陆凯传》）。唐代，"开元、天宝中，宫嫔大率至四万"（《新唐书·宦官列传》）。难怪杜牧《阿房宫赋》说，宫女们泼出的洗脸水，使渭河上都漂起了一层脂粉油腻呢。

皇帝把数以千计的妃嫔禁锢于后宫，供其尽情蹂躏。但皇帝纵有天大的本事，也难使众多的宫妃承幸。多少宫女妃嫔如笼中小鸟，在郁闷中消磨着青春与生命，直至默默地死去。唐代诗人白居易有首《上阳白发人》诗，描写了唐玄宗时宫中妃嫔的凄凉：

上阳人，红颜暗老白发新。绿衣监使守宫门，一闭上阳多少春。玄宗末年初选入，入时十六今六十……上阳人，苦最多。少亦苦，老亦苦，少苦老苦两如何……

何况，封建帝王多是喜新厌旧之徒，即使能对某个妃嫔产生过爱情，也大都不能专一。汉武帝封胶东王时，与陈娇青梅竹马，曾说过："若得陈娇为妇，定另建金屋别居。""金屋藏娇"一词即源于此。后来，陈娇做了刘彻的太子妃。刘彻即位，陈娇正位中宫。但几年后，刘彻又钟爱于卫子夫，渐与陈娇疏远，后来即收回皇后册书和玺绶，将她赶出中宫，幽闭长门宫。为期盼汉武帝回心转意，陈娇请才子司马相如写了篇催人泪下的《长门赋》，呈送汉武帝。可是，她的一片痴情如东流水，仍没有打动汉武帝的铁石心肠。其实，哪个帝王又不是如此呢？

　　更有甚者，无论宫妃，还是皇后，当皇帝玩腻了之际，随时都有杀身之祸。一次，宋太祖召宫妃置酒，于后苑赏牡丹，有个宫妃因病未能去，宋太祖大为扫兴，折了枝花去这位宫妃的舍下，亲手为其戴上，但变脸即说："我辛勤得天下，乃欲以妇女败之邪？"说罢，猛然抽出佩刀，将这位宫妃的手剁去（《闻见杂录》）。明嘉靖皇帝荒淫暴虐，一次，见宫女献茶而淫心顿起，做了些下流的动作。已有身孕的陈皇后看不下去，推了宫女一把。为此，嘉靖皇帝龙颜大怒，飞起一脚踢在了陈皇后的肚子上，导致陈皇后流产大出血而死。后册立那位献茶宫女为皇后，但没几年又废掉，幽禁冷宫。明神宗"今日榜宫女，明日扶中宫，罪状未明，立毙杖下"，仅被他打死的宫女即有千人之多（《沈德符：《万历野获编》）。

　　这就是所谓的"龙凤配"哟。

　　更何况，皇帝是封建国家的最高主宰，他可以不择手段地占有一切女性，可以亵渎人伦地随意媾合，可以毫无节制地放纵交欢。宋徽宗赵佶厌倦了后宫三千佳丽，扮成闲官和客商，出入青楼，寻花问柳，最后拜倒在名妓李师师的石榴裙下，"自政和后，多微行，乘小轿子，数内臣导从往来师师家"（《青泥莲记》）。甚至，有同治帝那样寻花问柳而得性病惨死者，有汉哀帝那样宠爱董贤而搞同性恋者，有北齐文宣帝那样将爱妃肢解，取髀骨制成琵琶边弹奏边哭泣的性虐待狂者。

这便是"龙凤配"的注脚、"龙凤呈祥"的例证哟。

倒是有个剧名起得好：《游龙戏凤》。一个"戏"字道出了龙的本性：封建帝国的最高主宰，可以随意摆布一切；说出了凤的地位：仅是被最高统治者玩弄的木偶，可以被任意戏耍。其实，这个剧的主人公就是这样一位"龙"。《游龙戏凤》讲明朝武宗狎游江南，寻求美色，在梅龙镇小酒店遇上卖酒的李凤姐，遂生淫心，上前挑逗，活生生地勾画出皇帝一副好色之徒的流氓相。

历史上真正的明武宗，贪婪女性的丑闻，较戏剧中描述的有过之而无不及。为占有天下美女，他多次出游，"每夜行，见高房大屋即驰入，搜其妇女"。为"遍游宫中"，废文书房内官"记上幸宿所在"，整日与宫妃"厮混不返"。甚至，连大臣婢妾及乐工等人的妻子，若稍有美色，也不放过，必召入宫中。

这便是"龙凤呈祥"哟，一支荒唐而又曾存在过的游龙戏凤奏鸣曲噢。

五、龙子凤女也风流

笔者在乐陵县赵家庄曾遇到过这样一件事：该村一妇女骂起街来难听死了，恶言垢语，不堪入耳；但是，当骂起自己的儿女来，美极了，不亚于一支动听的歌、一首虔诚的朝圣诗："你这龙生凤养的，还不滚到金銮殿里去，想把老娘气死才开心"；"你这龙生凤养的，梧桐枝上你不飞，天堂老家你不回，偏去那泥鳅窝里呆，瘟鸡群里混，龙子凤女体沾了一身腥臊气"……

这件事已过去近 30 年了，至今仍让我记忆犹新。我一直在想，难道这仅是语言艺术及狭隘母爱的宣泄和体现吗？现在，我似乎明白了：噢，老百姓心里也有座金銮殿。于是，这座金銮殿便被龙凤文化所宣扬的家族占有了，成了家族的王国、王国的家族。

(一) 又善良又龌龊的龙王国

中国是一个龙的国度, 成员众多, 千姿百态。有接近于某一类动物而带有某种具体形象的龙, 有笼统模糊形象而带有概念意义上的龙。结果, 白马非马, 马亦非白马, 搞得人们也不知道何为龙, 龙为何了。

何况, 似乎在唐代以前, 群龙无首, 乱成一团糟, 不知何龙为尊长, 何龙为幼婢。唐代以后, 即使有了龙王这个头儿, 但大小龙王之间仍不成谱系, 龙家族之内仍充斥着善良与不屑。

因此, 谈龙的王国才是一派真正的 "剪不断, 理不乱," 只得以其龙之道, 还治其龙之身。而这本身所体现和反映的, 正是中国民俗思维恢宏和具体民俗事象原始古朴的特征。

按照不同的分类标准, 中国民俗文化中的龙可以分为多种:

其一, 形态接近于某一类动物的龙。这类见于记载的有蛇龙、蟠龙、鱼龙、锷龙、蛟龙、龟龙、兽龙、夔龙、狻猊、犬龙、猪龙、马龙、应龙、飞龙、鸟龙等。

其二, 具有某种突出特点的龙。这类龙见于记载的有火龙、毛龙、烛龙、骊龙 (颔下含珠)、虬龙 (无角)、角龙、蹇龙 (跛足)、乖龙、痴龙、雾龙、梅龙、蛮龙、恶龙、金龙、土龙、木龙、玉龙、石龙、铁龙、铜龙、秃尾巴龙、百叶龙、玉柱龙、雪山龙等。

其三，具有不同颜色的龙。这类龙见于记载的主要有赤龙、苍龙、青龙、黄龙、乌龙、黑龙、白龙、彩龙等。

其四，有不同身份地位的龙。这类龙见于记载的主要有龙王、龙女和龙子龙孙等。

如此众多的龙，就其在古代文献中所出现的时间看，前三类龙主要见于唐代以前的文献记载，第四类龙主要见于唐代以后的文献资料。这种时间上的差别，似乎表明前三类龙更多地来源于远古人类的自然崇拜与后人对龙崇拜的升华，而第四类龙则主要根源于佛教中国化后对龙王国的再神化。因此，有关前三类龙的传说都显得较古朴，大都是有关龙所具有的神性的描述；而有关第四类龙的传说则较华丽，大都是有关龙王国秩序的整顿和龙应具有各种德性的宣扬。

于是，前仆后继的中国人用神话传说打扮了龙，也把自己置于了一个龙俗文化的氛围中，体现和反映了中国人对客观世界的某种唯心主义的思考。

世界是如何来的？在中国，有盘古开天地的传说，也有烛龙开天辟地的神话。传说，西北有座章尾山，山上有条烛龙，人面蛇身，全身赤红。烛龙两眼一闭，世界漆黑，于是有了夜；两眼一睁，世界光明，于是有了昼。它叫一声，风雨交加，电闪雷鸣；吹口气，寒风刺骨。如此"视为昼，瞑为夜，吹为冬，呼为夏"（《山海经·海外北经》）的传说，显然给烛龙赋予了世界起源的神性，表达了远古人类对世界来源的一种扭曲思考。

为什么天圆地方？为什么有着黑白、季节、时令的变化？中国古代哲学思想认为："易有太极，是生两仪，两仪生四象，四象生八卦"（《易经·系辞下》）。太极指天地未分之时，天地开辟便有了白昼（阳）和黑夜（阴），地分南北东西便出现了四象。这四象各有不同的颜色，各为不同的神灵。于是，产生了东为青色，配龙，称青龙（苍龙）；西为白色，配虎，称白虎；南为赤色，配雀（凤），称朱雀；北为黑色，配武（龟蛇），称玄武。统称为"四象"、"四陆"或"四宫"。

同时，四象又代表着苍穹四方二十八宿（列星）。其中，东方七宿（角、亢、氐、房、心、尾、箕）以青龙为标志，被称为"苍龙七宿"。每当冬尽春来之际，角宿最早在黄昏后的东方地平线上升起，意味着春天降临大地了。因此，《甘石星经》说："角为苍龙之龙，实主春也。"当昏后苍龙七宿在东方天空中出全之时，便组成龙的图案（图23），即应抓紧进行春耕了。当苍龙七宿位于南天时，雷雨季节即到来了。而秋冬之际，苍龙七宿便在西天逐渐沉了下去。这种现象，恰与龙的"登天""潜渊"在节候上相一致，是农事活动的重要依据。因此，自商代起即有"告龙于父丁，一牛"（《粹》365）祭祀苍龙七宿的记载。现在，黄河流域民间仍有过"龙头节""青龙节"的习俗。可见，青龙确有其特定意义的神性了。

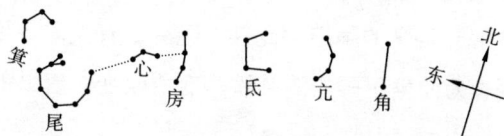

图23 苍龙七宿

如此天上人间，人间天上，在恢宏思维与具象比附中，在美丽传说与民俗对接中，古人将龙打扮出种种形态和赋予了其特有神性的同时，也使龙的家族乱成了一团，呈现了一个鱼龙混乱、良莠难辨的局面。

这样一个无长幼之分，无尊卑之别，无奸忠之辨的体系，显然是不符合封建社会的统治需要的。于是，自刘邦开始，即借斩蛇而编造赤帝子杀白帝子的神话，以图将自己打扮成"真龙天子"。其实，龙本来即是人幻想出来的产物，哪有什么真龙与假龙之分。

而且，为了赋予真龙神性以区别于那些恶龙、毒龙，宗教巫术还臆造了一系列带有迷信色彩的方术。据说，唐代长安"圣善寺阁常贮醋数十瓮，恐为蛟龙所伏，以致雷霆也"（李肇：《国史补》卷中）。以醋来避免雷击，实属无稽之谈。《尔雅翼》说："（龙）性粗猛而畏铁"，所以暴风雨时抛铁锚的船没有被刮走。这纯系一种诡辩。王嘉《拾遗记》卷2说，"以铜薄舟底，蛟龙不能近"，故难以被浪击碎。显然，这也系以迷信解释科学的臆造。此外，还有龙有龙珠等说法。这些都表明，为使龙王国的混乱秩序有所改变，唐以前的人们是曾作过一定的努力的。

但是，神的世界如同人的社会一样，在没有一种系统理论参入之前，是不可能把混乱的秩序予以彻底整顿的。唐代以后，龙的家族开始进入有序状态，其理论即是佛教的龙王观。龙王观传入我国之后，结合我国原有四海之神而形成四海龙王，主持江河的河神、井神、渊神、塘神等，也都变成了龙王。加之，封建帝王所封的龙王，如宋神宗因五龙庙"祷雨有应"而赐匾。后来，宋徽宗则将天下的五龙神皆诏封王爵（《宋会要辑稿》第1册）。清代，顺治帝封运河龙神为"延庥显应分水龙王"，并令河道总督"以时致祭"。这样一来，龙王遍布我国各地，几乎凡有水之处，即有职司当地水旱丰歉的龙王了。

龙王观念是舶来品，为什么能迅速为国人所接受并兴起了一系列相应习俗呢？这是因为，中国人对于王的概念和服从王管辖的意识，是根深蒂固、源远流长的。因而，他们对于外来的佛教龙王观，不感到陌生和奇怪，反而感到合情合理，既然人间有帝王，水族为何就不能有龙王呢？于是，顺理成章地接受了龙王观并加以改造利用，还亲手建起龙王庙，不时给予祭祀。这样，遍布我国南北各地的龙王庙，便成为有关龙王迷信和习俗的物化场和表演地。

神界是人间的模仿，既然人间帝王有豪华的宫殿和无数的珍宝，那么，相对应的水族龙王为什么可以没有呢？于是，龙王从此有了龙宫，有了无数的奇珍异宝，也有了为之驱使的虾兵蟹将。从此，民俗意识中有了龙的王国，小说家、方术家也有了可赖以驰骋的水族世界。

有龙王，必然有龙女和龙子龙孙。国人所撰著作最早提到龙女者为《太平广记》卷418引《梁四公记》，其中记载：洞庭山南有一深洞，里面一龙宫有"龙王珠藏"，看管者为东海龙王的第七个女儿及千余条小龙。龙嗜燕肉。为求取宝珠，梁武帝的使者"烧燕五百枚",先用几只小的烧燕贿赂把守宫门的蛟龙,然后用特大的烧燕献龙女,龙女食后大悦,遂以3个大珠、7个小珠及杂珠一石回敬。可见,这位龙女是个"馋嘴姑娘",几只烧燕下肚,不仅把所担负的神圣职责放弃了,而且监守自盗,拿着老子的宝珠送人情,结果把个梁武帝打发得满脸堆笑。

不过,大多数龙女被塑造为心地善良、面容美丽的神灵,因而能得到人间的香火。唐代诗人岑参《龙女祠》诗即反映了人们捧酒祈思龙女的情景:

> 龙女何处来,来时乘风雨。
>
> 祠堂青林下,宛宛如相语。
>
> 蜀人竞祈思,捧酒仍击鼓。

在后来传说中,龙女的形象更加感人而富有人情味。唐人李朝威的《柳毅传》,描写了龙女与柳毅相爱的浪漫故事:龙女在丈夫家中受虐待,被赶到荒野中牧羊。柳毅应举落榜回家路遇龙女,激于义愤,代为传信给洞庭君。洞庭君的弟弟钱塘君见信大怒,杀了龙女丈夫,救出龙女,并欲嫁龙女给柳毅。因言语傲慢,为柳毅拒绝。归家后,柳毅先娶张氏,再娶韩氏,皆相继而亡。后来,柳毅娶范阳卢氏,乃是龙女化身，两者终于结成美满夫妻。这里的龙女，实在是当时那些不幸女子追求婚姻幸福的一个化身，是对父母包办婚姻进行控诉和批判的"神女"。

神的故事，说到底是人的故事。"父母之命，媒妁之言"封建包办婚姻的桎梏，逼迫着人们只能把追求圣洁的爱情寄希望于神秘世界中。加之经济上的穷困，身份的低微，更使这种愿望得到了强化，从而导致了"穷汉福从天降，龙女变作新娘，恶人遭到惩治，幸福天地久长"模式的传奇故事大量出现。流传于内蒙古一带的《张打鹌鹑李钓鱼》属这一类型，流传于浙江地区的《龙女和三郎》也属这个类型。此外，云南彝族的《长工和龙女》、宁夏回族的《曼苏尔》、山东的《神水泉》、吉林的《九龙献珠》、江西的《龙门的来历》等传说，都把龙女描述成心地善良、温柔贤惠的化身，而把龙女所选择的人间丈夫则描述成勤劳勇敢、有正义感的劳动者。如此龙女下凡式的婚配，在形成一种民俗意识的背后，却流淌和涌动着无数男女青年难圆爱情之梦的悲痛、愤懑和凄凉。

与龙女相比较而言，同为龙王后代的龙子龙孙则不怎么样了。龙子在我国古籍上出现较早。东汉时人伪托刘向所作《列仙传》中已提到龙子，但不是我们所说龙王之子，而是

"状如守宫者"。晋代葛洪所作《西京杂记》也提到了龙子，但是一匹骏马的名称。由于马掺入了龙形象的集合，马头曾被作为龙头的模特儿，因此后世曾将骏马称为龙子龙孙。如李商隐曾有诗句云："自是明时不巡幸，至今青海有龙孙"（《过华清内厩门》）。这里的"龙孙"，指的即是骏马。作为龙王后代的龙子龙孙，见于唐代人的著作中，如前面提到的柳毅所娶龙女，其原来丈夫即为泾川龙王次子。这位龙子百般欺辱龙女，才导致了龙女嫁柳毅故事情节的展开。在《西游记》中，唐僧胯下的白龙马，原是西海龙王敖闰玉龙三太子，也是个曾"纵火烧了殿上明珠，天庭上犯了死罪"的孽畜，菩萨说情救了他，送他到鹰愁陡涧，等候唐僧做个脚力，仍然还上岸扑鸟鹊，抓獐鹿，弄得鸦鹊不敢飞过，后来竟连唐僧原来的白马和鞍辔一口吞下肚去，可见，也曾是个不肖子孙。

天上人间，一般一般。大概，龙子龙孙的不屑形象直接源于帝王后代的恶劣作为。因为，帝王自称为"真龙天子"，自然，帝王的后代也被称为"龙子龙孙"了。这些人间的龙子龙孙，拥有着优越的社会地位和特殊的封建法权。他们之中，或依仗其父权，为所欲为，作恶多端而演变为恶棍歹徒；

或效法其父皇，荒淫无耻，纵情酒色而堕落为花花公子；至于真正能学着做人，想有点经国济世才能者，则寥寥无几。后赵君主石虎是个暴虐的淫棍，仅后宫宫女愈万人。他的儿子石邃淫暴程度决不在石虎之下。他出入官宦之家淫人妻妾，遍游京都各寺观，见有姿色的尼姑即强行奸淫。他曾将其奸淫后的尼姑杀死，与牛羊肉一起煮熟，赐予大臣品尝；也曾将玩腻的美女打扮得天仙一般，然后砍下头来放到盘子里让宾客观赏。如此龙子龙孙所在多有，使整个封建王朝的历史更加充满了血腥气。

神世俗间，彼此彼此。龙的王国，同样是善良与龌龊参半、美好与不屑杂糅的世界。无怪乎俗世间对待龙的态度也分为两种；凡济世活民，降甘露于民者，则被祭祀供奉；凡为害人间，祸民殃国者，则被缚上"劐龙台"，斩了解恨；甚至，有斩后而分食其肉者。张华《博物志》卷2即说："龙肉以醯渍之则文章生。"《晋书·张华传》则云："（龙肉）五色光起……质状异常，以作鲊，过美。"龙是幻想出的神物，不用说吃龙的肉，就是见过龙者也是不曾有过的。但是，正史中有记载，俗语中也有"天上的龙肉，地上的驴肉"、"天生的瘦子，就是吃龙肉也胖不起来"等说法，而且，古往今来也没有人提出过反驳，由此看来，这就是民俗所具有的虚假具象与认同特征吧。

人呵，愚昧极了，也怪诞极了。自欺欺人，却偏偏一味地去默认，去在那个迷惘的圆圈中闲庭信步。

（二）莺歌燕舞凤家族

凤的家族，虽也拥有多种类型的凤，但与龙相比，其种类要少得多。因而，龙被称为"王国"，而凤则称为"家族"。固然，凤在我国古文献中早已被称为"百鸟之王"，但困于种种原因，凤这个王终究也没有当起来，从而使其种族的繁衍和发展受到了限制，显得有点人丁稀少、势单力薄、门庭冷落了。

不过，凤终究以其吉祥富贵、高雅超俗、能歌善舞、华丽多彩等特征而在充分地渲染着自己，扩大着自己的影响，终于使人们还可以看到凤家族的一点势力。关于凤家族的分类可以如下：

其一，以颜色为区分的凤。"多赤者凤，多青者鸾，多黄者鹓鶵，多紫者鸑鷟，多白者鹄"（《艺文类聚》引《决录注》）。

其二，呈现祥瑞的凤。有凤、凰、玄鸟、天翟、踆鸟、皇鸟、孟鸟、天鸡、鹥鸟、鹱鸟、鸢、鸮、精卫鸟、青鸟、朱雀、爵鸟、灭蒙鸟、鹙鸟、孔雀、金翅鸟等。

其三，形象较为特殊的凤。有重明鸟、鲲鹏、马头凤、拐子凤、草头凤等。

其四，呈现灾异的凤。有鹬鷞，"至则役之感也"：发明，"至则丧之感也"；焦明，"至则水之感也"；幽昌，"至则旱之感也"（《乐纬叶图徵》）。

凤的种类有多种，名称有多个，有些名称至今仍与具体的鸟相一致，这不仅增加了对凤鸟的分类难度，而且说明，凤的进化与模糊集合的水平较龙低下，甚至有的仍没有脱离对具体事象的描述范畴。

但是，这并不影响凤鸟家族成员所拥有民俗色彩的丰富性和生动性，反而使人感到凤文化更原始而古朴、纯真而浓烈。

在凤的家族中，其最原始的形象当为鸡，从而导致鸡类凤是凤鸟的最早祖先。对此，古代也有着一种共同的说法："凤凰，火之精，生丹穴，状如鸡，五彩备举。"因此，《孝子传》才说，凤凰"自名为鸡"。这种认识，将古代崇拜太阳与火的信仰结合起来，从而产生了"凤凰涅槃"的传说和"丹凤朝阳"的意识与图案。

多少年过去了，虽然"日者，火之精"，凤凰即住在日中，但随着"阳之精"观念和意识的淡薄，鸡也被排斥在凤凰之外而受到冷落。不过，鸡的某些信仰习俗还在，丹凤朝阳的吉祥图案还在，透过这些习俗和信仰，仿佛依稀看到了古老"凤凰涅槃"的辉煌和当时鸡类凤鸟的神采。

唐朝诗人李贺的著名诗句"一唱雄鸡天下白"，可谓一语中的，言简意赅地道出了雄鸡的与众不同。于是，由雄鸡报晓引出了不少神话和动听故事。《神异经》说："巨洋海中，升载海日。盖扶桑山上有玉鸡，玉鸡鸣则金鸡鸣，金鸡鸣则石鸡鸣，石鸡鸣则天下鸡鸣。"把玉鸡作为报晓雄鸡的最高头领。在《浣沙溪·和柳亚子》词中，毛泽东则借用李贺的"一唱雄鸡天下白"诗句，比喻伟大的中国共产党人在马列主义的指导下，结束了中国人苦难的漫漫长夜，迎来了光明的今天。

谁不爱光明，谁不喜白昼。但对良宵苦短的一对心上人来说却别有一番滋味在心头。于是，怨雄鸡报晓者有之，想打死长鸣鸡者还有之，充分展现了神圣爱情的又一个侧面。徐陵的《乌栖曲》是怨恨鸡的："绣帐罗帷隐灯烛，一夜千年犹足存。惟憎无懒汝南鸡，天河未落犹争啼。"清人华广生收集的俚曲《马头调》也是怨恨鸡的："金鸡叫来金鸡叫，金鸡叫得好心焦。

睁开眼，冤家还在怀中抱。那冤家他比奴家生得俏。口对着香腮，叫了声：娇娇，醒来吧，诉诉离情登古道。"而南朝一首乐府诗《读曲歌》恨雄鸡更甚，干脆"打"字出了口："打死长鸣鸡，弹去乌臼鸟。愿得连冥不复曙，一年都不晓。"

谈到鸡，必然联系到蛋，从而使人想起那被称为凤鸟的玄鸟。有人将"玄"字释为黑色，似乎也能讲通。因为鸡既然为凤的原始模特儿，那么，雄鸡毛色艳丽，炫彩夺目，释"玄"为炫能讲得通；母鸡毛色暗淡，朴素无华，释"玄"为暗也未尝不可。何况，玄鸟是以商人祖妣简狄吞其卵以生契而著名的。因此，玄鸟被释为黑母鸡同样顺理成章。

吞玄鸟卵而生育后代应是一种巫术性乞子习俗，而绝不能作为一种图腾崇拜加以随意性解释。这种习俗，在大汶口文化、龙山文化中即有表现。无论是大汶口文化、还是龙山文化遗址中，都发现有口含石球或陶球的现象，石球的大小如同鸡蛋，有的还因长期挤压而使牙床了生了变形，说明是在骨质尚未充分硬化的儿童时期就一直含着。这种习俗大都被认为是一种尚不清楚的宗教意识，其实应是父系制时代产翁习俗的一种表现。产翁习俗是男子假装生育的习俗，清代仍然存于某些少数民族中。袁枚《新齐谐·产公条》云："广西太平府獠妇生子，经三日，便澡身于溪间。其夫乃拥衾抱子，坐于寝榻，卧起饮食，皆须其妇扶持之，稍不卫护，一如孕妇，名曰产公，而妻反无所苦。"

以鸡卵为生育象征，在古文献和现实民俗中皆有反映。《遁甲开山图》谓："女狄暮汲石纽山下泉，水中得月精，如鸡子，爱而含之，不觉有吞，遂有娠，十四月，生夏禹。"这里明确指出含"鸡子"而生育，与大汶口文化、龙山文化所见口含石球或陶球现象不谋而合。至今，在鲁南苏北一带尚有以鸡蛋为新娘压箱物品的习俗；在豫西晋南一带有新郎新娘入洞房接着吃荷包蛋的习俗。最有趣味的是将小男孩的阳具戏称为"小鸡"、睾丸俗称为"蛋"。而《水浒传》里那些好汉，动辄即骂"鸟人"、"浑球"，则无不含有以鸡类凤"玄鸟"作为生殖繁衍象征的历史影子。

即使玄鸟被释为毛色鲜艳的大红公鸡，其寓意生殖繁衍的神性在民俗中仍有反映。古籍记载，姑娘出嫁，需用鸡作为伴物，俗称"带路鸡"。解放前，广东客家人有"以鸡代婿"习俗，即以红公鸡代替新郎与新娘拜堂，而且这只红公鸡必须有美丽的羽毛、毫无病态、为母鸡第一窝所孵出且重量与新郎年龄的尾数相同。湘西一带有以鸡报喜的习俗，即妻子生了孩子，丈夫要提着鸡到岳丈家报喜，提公鸡则意味着生男孩，提母鸡则表示着生女孩，提一对鸡则说明生了双胞胎。这些，都毫无例外地属于玄鸟风俗的遗存，是远古居民思考"人类是怎么来的"这个根本性问题时所做出的巫术性答案的具体体现。

人为万物之灵，鸡类凤鸟体现了人类探索自身来源的同时，也开始把神性转移到男女的结合上。于是，有了类似于《左传》的"凤凰于飞"之说，有了汉乐府《琴曲》的"凤求凰"之谓，出现了"凤凰台上忆吹箫"式的神话故事，把凤凰的吉祥气氛用夫妻和谐美满色彩涂抹了个够的同时，也把玄鸟对于人是从哪里来的这个根本性问题思考的象征洗刷净了。从此，玄鸟风俗变味了，开始趋向于反映某些世间具象性事物的风俗习惯了。

当然，这不能说凤鸟在商周之后便完全脱离了人对世界的宏观性思考。相反，凤同龙等神物一样，也曾参加过中国人对于天为什么是圆的，地为什么是方的，时间为什么周而复始地发生着变化等这些重大哲学问题的思维。其中，朱雀即代表着南方，为赤色，成为四象之一。

朱雀，又称"朱鸟"。有的学者认为，在凤的发展演变史上，玄鸟为早期凤的代表，朱雀为中期凤的典型，而凤凰则为凤的后期样板，将凤的演变分为玄鸟期、朱雀期、凤凰期①。此种分期，是有一定道理的。在朱雀期，凤鸟的造型以动势取胜，把鹊类的长足、蛇颈、秀丽的身翼及鸡的嘴、孔雀的翎冠和巨大翎尾等优点，尽集于己身，已开始具有了明显的孔雀化形态（图24）。这种形态，与朱雀所代表的南方七宿（井、鬼、柳、星、张、翼、轸）所组成的鸟形极为相似，因而称南方七宿为"朱雀七宿"。

图24　① 玄鸟（商代青铜器纹饰）

　　　② 朱雀（汉代陕西瓦当）

　　　③ 凤凰（清代故宫彩绘）

朱雀既然是南方宿名，故而被后世道教尊为南方之神。

---

① 王大有：《龙凤文化源流》第140—144页，北京工艺美术出版社1988年版。

古代军队行兵布阵，也以画有朱雀的旗帜表示南方之位。封建帝王面南而称孤，因而帝王出行，"前朱鸟而后玄武，左青龙而右白虎"（《礼记·曲礼上》）。道教也模仿人世间帝王的气派，规定了其最高神出行时的阵势："左有十二青龙，右有二十六白虎，前有二十四朱雀，后有七十二玄武"（《抱朴子·杂应》）。至此，凤原来被用于思考世界形态起源的恢宏思维被扭曲了，丑化了，变成了宗教最高神驱使下的小神。在此，凤文化展现了民俗作为原生态文化可以被多角度改造利用的特征。

不过，值得注意的一点，是有几只被视为方位神鸟的凤，却不知何种原因而被历史所淹没了。《说文·鸟部》云："五方神鸟也，东方发明，南方焦明，西方鹔鹴，北方幽昌，中央凤凰。"除凤凰而外，其他四种凤鸟皆为与灾异有关的鸟。这可能是其他四种凤鸟消失的主要原因。但是，这终究说明，凤鸟曾被古人运用来解释过普遍性客观世界的问题。这大概也是凤家族的一种荣耀吧。

如果说朱雀作为玄鸟的儿女辈还有过被利用于深层人类文化思维的话，那么，当凤凰作为玄鸟的孙子辈出现时，剩下的也仅是做表面文章了。

当然，这里所说的表面文章，仅是指凤文化的哲学性思考之外的一些习俗，其中，也不乏对于人生美好祝愿的思辨。例如，凤在商周时代曾以其百鸟之王的含义而作为王的象征。自秦始皇开始被方术家们视为龙，继刘邦以龙自诩，直至宋代徽宗将龙专占，凤便逐渐地退出了王权象征的领域，变成了真龙天子的附庸和女性的化身。但是，这期间凤也曾挣扎过，抗争过，所隐喻的则是某种程度的女权对于男权的反抗。汉成帝时，出身贫微的赵飞燕凭娇美的身段、绝妙的舞姿而被皇帝所看中。她没有韩凭妻何氏那种"乌鹊双飞，不乐凤凰"、"妾是庶人，不乐宋王"（《乌鹊歌》）的坚贞，很快埋葬了入宫前的初恋而移情于成帝。在宫廷斗争中，她与妹妹相勾结，先后挫败了许多皇后和宠妃的班婕妤，又胁迫成帝处死仅有的两个儿子，以致当时即有童谣道："木门仓琅琅，燕飞来，啄皇孙"（《汉书·外戚传》）。赵飞燕的所作所为固然可悲，但是，在皇宫那见不得人的去处，得宠与失宠，杀人与灭口，并不是由一个女子所能说了算的，赵飞燕的得宠仅表明她不过是能暂时满足皇帝欲望的一只雏凤，而班婕妤的失宠也不过表明她是个被皇帝玩腻的老凤。"雏凤清于老凤声"，一只雏凤敢于向龙子龙孙开刀，致使真龙天子绝后，也足见这只雏凤的胆量之高、手法之妙了。

　　同样，前述武则天之不搞"龙瑞"而大搞"凤祥"，慈禧在自由民主的曙光升起之前能下令将"凤引龙"刻到自己陵墓的汉白玉上，可也带有点敢于蔑视男权、伸张女权的味道了。

　　凤丧失了王权的象征，反而更加渗透于生活，使其风俗的生活性特征更为生动活泼，多姿多彩。如先秦古籍凡谈到"羽舞""舞羽"，总是执翟羽而舞。翟，为长尾野鸡，也曾被视为凤的模特儿。《吕氏春秋·古乐篇》说："因令凤鸟天翟舞之。"以翟羽为舞蹈道具，表示欢娱。以翟长尾羽作头饰，则表示英勇善战。以翟短翅羽作冠饰，则表示夫妻恩爱。在这种观念的影响下，后来武将多以雉鸡尾羽作头饰。结婚凤冠除有凤形饰外，还有雉鸡翅羽。这些与宋代以后的"喜相逢"、团凤、丹凤朝阳等图案一起，构成了后期凤文化的喜庆色彩，偏重于对婚姻美满的祝福了。可以说，"从此君王不早朝"，凤开始走下神的祭坛而主要发挥其吉祥物的作用了。

　　只是，有求呈祥心而无吉祥可求的社会氛围，才导致了以凤呈祥而无吉祥局面的出现。因此，自杜甫起即发出"归凤求凰意，寥寥不复闻"（杜甫：《琴台》）的感叹。到清代乾隆年间，一对鸟儿还没有团圆，便发生了这种悲剧：

> 一对鸟儿树上睡，
>
> 不知何人把树推。
>
> 惊醒了不成双来不成对，
>
> 只落得掉了几点伤心泪。
>
> 一个儿南往，
>
> 一个儿北飞。
>
> 是姻缘飞来飞去飞成对，
>
> 是姻缘飞来飞去飞成对。

——《霓裳续谱·寄生草》，转引自郑振
铎：《中国俗文学史》下册，人民文
学出版社，1959 年版，第 430 页

（三）"龙的传人"吵了起来

数十年前，闻一多先生在其《神话与诗·伏羲考》中这样说道：

> 从前作为帝王象征的龙，现在变为每个中国人的象征了，也许这现象人们并不自觉。但一出国门，假如你有意要强调你的生活的"中国风"，你必用龙纹的图案来

点缀你的服饰和室内陈设。那时你简直以一个旧帝王自居了。

数十年后，由侯德健先生作词作曲的《龙的传人》在春节晚会上演唱：

> ……
>
> 古老的东方有一群人，
>
> 他们全都是龙的传人。
>
> 巨龙脚底下我成长，
>
> 长成以后是龙的传人。
>
> 黑眼睛黑头发黄皮肤，
>
> 永永远远是龙的传人。
>
> ……

闻一多先生的文章颇多建树，影响较大，但没有刮起龙的"中国风"。侯德健的歌词哲理不深，但旋律优美，流传广泛，又值龙年，又在春节联欢晚会上演唱，终于一炮打响，在中华大地上掀起一股龙的"中国风"。

但是，《龙的传人》的歌声刚刚走红之际，一些同意自己为"龙的传人"和反对自己是"龙的传人"的文章便见诸报端了：

　　赞同"龙的传人"说法者，认为这"只是一个略有民俗学依据的代名词，与'中华儿女'、'炎黄子孙'没有什么区别，""对长城、龙一类的东西评之太苛，不但缺乏现代的宽容气度，缺少一种现代意识所必需的价值观念的广泛性与多样性，而且，只能把自己搞成一片空白，……真是中国独有的苛评与苛评逻辑！"①

　　否定者则认为："龙，始终是黑暗的封建皇权的象征。龙之误国已久，龙之丑陋已久，龙之荒唐已久。""人就是人。让人无愧于人的称号已经不容易了，还要加什么鸡、狗、猪的名目吗？""我不喜欢龙。"②

　　还有的人持中立态度："世界上各民族以动物为崇拜偶像，……这和我们中国自古以来对龙的向往是同出一辙的。……海内外中国人对龙的喜爱或厌恶，是各人的自由"，"何必生龙的气。"③

　　《龙的传人》的歌还在流行着，被称为"龙的传人"的人已经吵了起来。

―――――――――

　　① 伊方：《且说长城与龙的评议》，《光明日报》1988 年 9 月 11 日。
　　②《我不喜欢龙》，（中国文化报）1988 年 4 月 6 日。
　　③〔美〕翁绍裘：《何必生龙的气》，《华声报》1988 年 7 月 5 日。

那么，何谓传人？"龙的传人"应该如何界定？中国人到底是不是"龙的传人"？围绕着龙文化又应该传承和衍生哪些习俗？这实在是龙凤文化中应该考虑的一些问题。

何谓传人？《辞源》释为"指声名流传到后世的人"，并指出"传人"一词的出处："《荀子·非相》：'五帝之外无传人，非无贤人也，久故也'。"《辞海》释"传人"为："指道德学问等能传于后世的人"，指出其出处并以赵翼《欧北诗话》一句话为例："然则先生（指陆游）具寿者相，得天独厚，为一代传人，岂偶然哉！"《现代汉语词典》解释为："能够继承某种学术而使它流传的人。"比较而言，《辞源》解释模糊，《辞海》解释有欠缺，《现代汉语词典》解释在继承与流传的内容上不全面，较贴切的解释应为："传人，是指能够继承前辈的道德学问、技术专长并使其流传于后世的人。"

因此，所谓龙的传人，即是能够继承龙俗文化的精神及其风俗内容并把它流传下去发扬光大的人。

从这种定义出发，生活在龙俗文化中的中国人，尽管基于社会制度及生活环境的变迁而不可能将过去的龙俗文化的全部予以继承，而是扬弃性继承，但扬弃其糟粕，终能继承其精华，并把其流传发扬光大下去。这就是说，龙俗文化作为一种民俗事象，是不可能立即退出历史舞台的。其本身所具有的民俗传承变异特征和规律，决定了这种民俗事象必然能将其合理的成分代代相传下去。从这一角度说，将中国人作为"龙的传人"似乎也有一定的道理。

问题的关键并不在于此，而是在于假借图腾信仰非要为中国人找出一个龙祖宗来。之后，便借助于部落的兼并与统一，将强大的龙图腾部落统一和兼并信仰其他图腾部落，最终使龙图腾变成全中华民族的一种信仰的模式强行编造了出来，于是，中国人便成了无可争议的"龙的传人"了。很显然，这种论述是把龙的神物崇拜作为一种图腾崇拜，将一般的民俗事象升华为一种原始的宗教信仰，是完全站不住脚的。对此，已于前述。

那么，中国人是否真正有个龙祖宗呢？回答也是否定的。坚持龙为图腾说的学者，认为中国龙祖宗是伏羲和女娲，并且举出了"伏羲女娲交尾像"作证据，言下之意则表明了此图即是"龙的传人"一语的典故所出之处。

要谈"伏羲女娲交尾像"含义，最好先弄清楚伏羲与女娲的性质。传说中女娲的最大功劳是开辟天地，创造人类。"俗说天地开辟，未有人民，女娲抟黄土作人，剧务力不暇供，乃引绳泥中，举以为人"（《太平御览》卷 78 引《风俗通义》）。可见，女娲是中华民族最早的祖宗，其产生应在母系制时代。传说中的伏羲，既是生产能手、发明家、又是氏族部落首领和巫师，是继女娲之后的男性祖宗神。因此，两者先后被作为高禖而得到了祭祀。

高禖，是人们为求子而祭祀的禖神。高禖与祖宗神两者有区别又有联系，不能混为一谈。高禖是主持生育之神，而祖宗神则是将已故始祖予以神化而被祭祀的神，属于祖先崇拜中的最高崇拜对象。在祭祀的地点上，祖宗神被供奉于宗庙之中，一般供于社稷宗庙和家族祠堂之中，而高禖则要供在郊外，因而又称"郊禖"。在主祭人上，祖宗神由氏族长或国家最高统治者及其代表主祭，而高禖则由求子妇女及其配偶祭祀。而且，祭祀高禖是有时间性的。在我国，祭祀高禖的时间初为阴历三月上旬巳日，即为所谓的"上巳节"。因此，《礼记·月令》说："仲春之月……玄鸟至，至之日以大牢祠于高禖。天子亲往，后祀帅九嫔卿。"这里的玄鸟至之日，即为《后汉书·礼仪志上》所谓"是月上巳"。此日，"官民皆洁于东流水上，曰洗涤袚除，去宿垢疾"，参加祭祀高禖求育活动。魏晋之后，祭祀高禖的"上巳节"改在农历三月初三日。此时，正值春暖花开，桃花水涨之际，确是男女交际的好时机，自然也是祭祀高禖时间的最佳选择。

祭祀高禖以求生育，为什么还要"皆洁于东流水上，日洗涤祓除，去宿垢疾"？这是因为，凡求子，非久婚不育，即或后天夭折，或有女无儿，或子女有痼疾等，这在古人认为是鬼神作祟，因此要到河中利用春季桃花水洗浴，以去掉不祥。可以说，这是一种巫术仪式。

除此之外，祭祀高禖之际，还有一种交媾巫术。周代高禖庙多建于山林、河边之际，每年三月上巳节举行隆重祭祀时，"奔者不禁"（《周礼·地官·媒氏》）陕西临潼骊山一座供奉女娲的高禖庙，每年两次祭祀，一次为农历三月三日，一次在六月十五日。届时要祭祀女娲，游女娲遗迹，到温泉涤肤洗心，夜间，不育妇女遇合适男子可露宿山林。此祭祀俗称"单子会"。在淮阳，人祖庙供奉伏羲，在人祖庙会上的"担花篮"舞蹈中即有男女"交媾"的情节。跳舞者在达到高潮时，"男女"要背擦背，肩挨肩，使身后的黑纱飘带相互绞合，以此表达高禖祭祀时的男女野合。

"伏羲女娲交尾"图所表达的，便是高禖祭祀期间的野合风俗和求子交媾巫术。作为一种巫术，其性质属于模拟巫术，即认为通过模拟性行为便能达到求子的目的。如此看来，依据"伏羲女娲交尾"图，绝不可能得出中国人的祖宗神是龙的结论，而只能得出伏羲、女娲为中国人心目中的高禖神的观点。

何况，将伏羲与女娲作为配偶的说法，是后人凑合附会的。最早提出此说法者为唐人卢仝，他在《与马异结交诗》中说："女娲本是伏羲妇。"接着唐人李冗的《独异志》即记下了一个传说："昔宇宙初开之时，只有女娲兄妹二人，在昆仑山，而天下未有人民，议以为夫妻，又自羞耻。兄即与妹上昆仑山，咒曰：'天若遣我兄妹二人为夫妻，而烟悉合，若不，使烟散。'烟即合，其妹即来就兄"。显然，这类似洪水之后兄妹为婚的传说，仅是人类的一种模糊记忆。将如此传说同"伏羲女娲交尾"图所表达的求子交媾巫术结合起，本身即是一种误解。这种误解如同将母系制时代的高禖与父系制时代的高禖强行拉在一起结合一样，犯的同样是关公战秦琼式的毛病。

由此看来，伏羲、女娲作为高禖神，是不该有什么"传人"的，这如同将龙作为神物一样，也是不该有"传人"的。因为在宗教观念中，神是永恒的，是不需要有什么继承人的。

　　但是，龙文化作为一种风俗，却有着其自觉而不自觉的继承者；而且，这种继承者和传播者是集体性的，其传播又大都呈现为不自觉的特点。这种龙文化的继承者的集体性和传播的不自觉性，是由民俗的群体认同及传承的不自觉熏陶等规律和特征所决定的。因此，当你生活在一个有着浓厚龙俗文化特色的国度里，无论你如何说"我不喜欢龙""中国不再是龙"，你都无法摆脱龙风俗对你的熏陶和潜移默化，最终不得不自觉而不自觉地当了"龙的传人"。

　　这，便是俗语所说的"入乡随俗"。

　　问题的关键在于怎么随俗，在于如何继承和发扬龙文化。应该清楚，自爱新觉罗氏的龙旗被从中华大地上降下那天起，龙的帝王象征便威风扫地了，其意识也被中国人逐渐从头脑中清除净尽了。而且，伴随着科学知识的不断提高及整个中华民族文化素质的不断提高，龙作为降雨的神灵观念也被中国人在自己的头脑中打倒了。龙的这些主要神性和神职的被清除、被剥夺，不仅导致了龙风俗的巨大变异，而且也使龙由神物的天国降到了仅是吉祥物的人间，龙文化的性质也随之而改变了。因此，今天中国人心目中的龙，是腾飞的象征，是吉祥的化身。

看来，还是"何必生龙的气"的提法好：

中国是一个即将腾飞的国度，中国人将自己的国家比喻为东方巨龙腾飞，未尝不可。

中国是一个摆脱贫困走向富裕的国度，生活日益好起来的中国人舞回龙灯，划次龙舟，宣泄一下心中的兴奋，亦未尝不可。

即使没有任何理由，习惯于龙文化的中国人，雕龙画凤以装饰自己的生活环境，喝壶龙凤茶，摆回龙门阵，做盘"龙凤菜"打次牙祭，其乐融融，更无可非议。

"龙的传人"最好别与龙置气。龙文化该传承下去的自然要传承下去，不该传承下去的自然就断了种。顺其自然，因势利导，方是正理。

六、龙凤习俗的艺术芬芳

记不清是哪位学者曾经说过：考古学家生活在死寂的墓穴之中，历史学家生活在沉默的书本里，而民俗学家却生活在活的历史当中。

不是吗，在民俗学研究者的心目中，历史本身就是一个生动的存在。一方面，它是静的，似一尊化石雕像，沉默了数百年乃至数千年；另一方面，它又是动的，像一个有生命的躯体，至今还生活在我们中间。于是，历史被具体化、被生动化了，历史与现实之间的距离顿时被缩短为零。

龙凤习俗，便是这样一尊化石雕像，这样一个有生命的躯体。她虽古老，但又年青。她犹如从荒远时代流来的溪水，流呀流，不腐不倦，仍然在唱着欢快的歌。她是歌是舞，是艺术的吉祥，吉祥的艺术。

（一）龙凤驮负着歌舞天使

龙与凤，是与歌舞娱乐联系在一起的一对神物。自古至今，不仅没有丝毫分离，而且伴随着满天秋雨满天愁的昨天成为历史，这种联系益发显得紧密了起来。

歌舞娱乐是伴随着人类的诞生而来到这个世界上来的，既是人类最早的艺术形式之一，也是人类丰富感情的表达和宣泄。在远古时代，歌舞娱乐和人们的生产生活息息相关，既是人类开展各种社会活动的形式，也是人类娱人、乐神和宣传教化的手段。龙与凤的歌舞娱乐功能，同样如此。

无论是龙凤这对神物孕育、诞生之初，还是其后来的发展衍变之时，龙凤文化的一个重要方面，即在于以歌舞娱乐的形式来充分表达她那丰富而生动的内涵。在《尚书·尧典》中，有"击石拊石，百兽率舞"的记载。《吕氏春秋·古乐篇》也说，远古帝王颛顼的乐师名"飞龙"，飞龙为颛顼奏乐时，"令鳝先为乐倡"，趴在地上，以其尾鼓其腹，"其音英英，其声椰椰"。而周武王伐纣时的"凤鸣岐山"，秦穆公爱女弄玉与其夫吹箫时的"白鹤成对，翔舞于空中；孔雀数双，栖集于林际；百鸟如鸣，经时方散"等，无不是先秦时代我国先民歌舞娱乐活动及其模仿大自然中歌舞素材的记录和写照。

在中国人的心目中，龙是升腾变化的象征，凤是能歌善舞的精灵。而我国歌舞娱乐的一个重要特征，则是将自我精神寓于自然之中。因此，我国传统的歌舞娱乐，一方面，是自然物的人化，是人类情感对自然物的渲染和改造；另一方面，则是人的形象在艺术之中化为自然。对此，公孙尼子的《乐记》概括得就很好：

> 凡音之起，由人心生也。人心之动，物使之然也。感于物而后动，故形于声。声相应故生变，变成方，谓之音。比音而乐之，乃干戚羽旄，谓之乐。

这就是说，音乐缘于人情，而人情则由自然万物所触动，情感受自然的启发而溢于言表，因此便有了艺术。龙凤是中国人对动植物及自然物、主要是各种飞禽走兽形象高度抽象后模糊集合后而形成的神物，因而动植物所具有的各种舞姿和语言，便成为早期歌舞产生的素材和培养基，使中国的歌舞自其诞生起便具有群龙升腾、百鸟齐鸣的特色和旋律。

在汉代"百戏"中，规模最大的节目之一为"鱼龙曼延"。这里所说的"鱼龙"，是一种由人装扮成巨鱼和巨龙而进行表演的假形舞蹈；"曼延"是由人扮演各种巨兽的假形舞蹈，由两个节目连在一起演出，故又称"曼延鱼龙"。这种"假作兽以戏"（马端临：《文献通考·散乐百戏》）的"鱼龙曼延"，是见于史籍记载的最早场面最大的"龙舞"。《汉书·西域传赞》说："孝武之世……设酒池肉林以飨四夷之客，作……曼延鱼龙、角抵之戏以观视之。"对此，颜师古作注说，这种舞蹈开始时，一只巨兽先在庭中戏乐；舞毕，到殿前激水，水花腾涌飞溅，化作一条巨大的比目鱼，"跳跃漱水，作雾障目"；然后，又化成一条八丈黄龙，"出水嗷戏于庭，炫耀日光"，故又名黄龙变。可见，这是一个有幻术、布景、烟雾相配合的舞蹈。

东汉人张衡的《西京赋》和李尤的《平乐观赋》都记载了"鱼龙曼延"的演出情景。从中可以看出，"鱼龙曼延"是在"总会仙唱"曲子的奏乐声中开始的，在电闪雷鸣中，先是熊与虎上场，之后是猿猴，再之后是怪兽与大雀、大小白象、小鱼变黄龙、"舍利奇兽"、四只鹿与华车、大蟾蜍与大龟和"水人弄蛇"等。从大量出土的文物里，也可看到，"鱼龙曼延"不仅有巨鱼变巨龙这个中心节目，还有"凤舞"等假形舞蹈。山东沂南汉墓画像石有凤舞图形；徐州茅村汉画像石上有"雀戏""虎戏"和"马戏"；铜山洪楼汉画像石上有

"龟戏""象戏""鱼龙拖车"和"转石戏"等（图25）。这些都表明，"鱼龙曼延"确实是一种模仿飞禽走兽游鱼等动物姿态的大型舞蹈，是感于自然又表于自然的"龙凤"艺术。

图 25　汉画像石"龙戏"

"鱼龙曼延"自汉至唐，历时七八百年而盛行不衰。唐代以后，此舞作为一个整体虽然已经失传，但其中的某个片段性节目却被保留了下来并传到了今天，如民间的龙舞、狮子舞，显然是其遗制。①

至今，龙凤文化仍然影响着民间娱乐风俗，打扮着中国人生活的五彩缤纷，充实着华夏儿女的精神世界。下面，仅

---

① 叶大兵：《中国百戏史话》。

举几项开展广泛且影响较大者予以说明：

1. 舞龙灯

舞龙灯，又称"舞龙""玩龙灯"等，是我国南北各地广泛流行的一种传统娱乐活动，一般在年节、盛会时举行。盛大集会时舞龙，这是将民间娱乐活动作为集会庆祝的一种形式，带有着民俗事象被移植的色彩。而年节之时的舞龙，尤其是元宵之夜的舞龙灯，才真正具有浓厚的舞龙习俗的原汁原味。

不过，值得注意的是，汉代以前，我国并没有元宵节，仅有通宵点灯祭祀神祇的风俗。《史记·乐书》说："汉家祀太一，以昏时祠到明。"《初学记》则说："今人（指唐代人）正月望日夜游观灯是其遗事。"这一观点是正确的。从通宵点灯到元宵节的群众性观灯、玩龙灯，中间有一个质的飞跃。这一飞跃，汉文帝开其端，唐玄宗终其后，促使这一风俗定型。汉文帝是平定吕氏之乱后登上皇帝宝座的，此时恰为农历正月十五日。此时，他兴奋不已，下令全城都燃灯庆祝，自己也出宫与民同乐，彻夜不止，并称其登基之日的狂欢夜为"元宵节"。同时，"鱼龙曼延"中的龙舞便从宫中走到了大街上。至唐代，元宵观灯为风流皇帝唐玄宗及杨贵妃等人所身体力行。唐玄宗本人即令宫人以他的名义扎制高达150尺、阔为30间房的灯楼。而有的皇亲国戚则把龙与灯结合起来，扎制起了龙灯。从此，汉代的舞龙变成了唐代的舞龙灯，元宵节变成了群众性的狂欢之夜。对此，诗人崔液有诗道：

> 玉漏铜壶且莫催，铁关金锁彻夜开。
>
> 谁家见月能闲坐，何处闻灯不看来。

春节期间所舞之龙，可用多种材料制作。在过去，多用竹、木、布、纸等扎制，节数多少不一，形象各异。躯体内燃烛者称为"灯龙"，不燃烛者以其形象或制作材料等命名，如"布龙""纱龙""百叶龙"（其鳞以荷花、蝴蝶形布绢花组成）、木花龙（其鳞以木刨花制成）等。现在，扎制材料更加广泛和优良，塑料、合金构件、电子声光设备、烟火材料等被运用到龙的制作上，使"灯龙"更加多姿多彩，舞龙活动也更加引人入胜。

舞龙风俗由来已久。宋人吴自牧《梦粱录》说："正月十五元夕节……以草缚成龙，用青幕遮草上，密置灯烛万盏，望之蜿蜒如双龙飞走之状。"古时，龙分黄、青、白、赤、黑五色，分别代表金、木、水、火、土五行。若遇旱灾玩水龙，遇水灾玩火龙，以祈风调雨顺。可见，春节期间舞龙风俗原含意在于祈年。

现在，舞龙成为节日喜庆的一项重要娱乐活动。山东蒙阴县兴隆街的龙灯，以木棍、竹条扎成圆筒形骨架，外罩金黄色布料，以红纸剪片为鳞，一般为 12 节，代表一年 12 个月，若闰月加一节。从大年初三开始舞，舞到元宵节。过去舞龙要先到龙王庙祭奠，祈求风调雨顺，五谷丰登；要到山泉或河边去让龙象征性的喝口水，认为这样龙才能有精神，才能龙飞凤舞，行甘露细雨。这些仪式叫"起龙"。现在，迷信巫术性起龙仪式全没有了，剩下的仅是舞龙娱乐了。舞的方式有多种多样，有龙头左右摆动，带动龙身依次摇摆的"舞龙摆尾"；有龙头、龙身、龙尾依次上下起伏的"钩担挂舞"；有整条龙成圈状，龙头高起，龙身上下翻腾的"翻龙舞"。舞龙时，配以锣鼓点及鞭炮轰鸣，气势壮阔，热闹非凡。[1]

在各种舞龙中，四川省铜梁县扎制的龙是较有名的。龙的种类较多，有能放烟火的"火龙"，有节内有灯的"灯龙"，有以稻草扎成的"草把龙"，有躯干能伸缩转动的"肉龙"，有长达 20 余米分为 24 节的"蠕龙"，有以春夏秋冬季节不同而分别适宜于舞的青龙、赤龙、白龙、黑龙，有以大白菜用绳串起而制成的"菜龙"等。其中，最著名的，是龙身罩以

---

[1] 隋希武：《舞龙灯》，《民俗研究》1987 年第 4 期。

各种彩色布料的"彩龙"。春节期间舞龙时，舞到谁家门前便频点龙头以向主人拜年，祝福新年吉祥如意。然后，上下翻腾，左盘右旋。主人则燃放鞭炮以示欢迎，并送一点礼物为谢。1984年，在庆祝中华人民共和国成立35周年的盛典上，即有铜梁县特制的9条五彩巨龙。用这些彩龙所表演的"九龙阵"，一时轰动京城。①

陕西省商洛山区的元宵舞龙，以威武奔放、载歌载舞而著称。这里的龙，龙头扎制讲究。龙身各节安有蜡烛2支，分别被命名为"红宫灯"、"宝莲灯"等。龙衣用白纱布缝制，涂以蓝色染料，以白色涂料画成龙鳞，有的还以丝线绣成光彩夺目的五彩龙衣。前面引龙人手持的引灯以铁丝扎成圆形球灯，中间穿一可旋转的轴，直径半米左右，内插蜡烛。玩龙灯时，以引灯导引彩龙上场，左右来回游动一周，俗称"金刚折"。之后，再上下反复一次，俗称"螺丝盘顶"。然后，持引灯者领唱，其他舞龙人随唱，此谓"唱采"。其唱词为：

> 普天同庆喜盈盈，新正上元玩龙灯。
>
> 锣鼓喧天爆竹响，迎来龙灯庆新春。

① 丘桓兴：《中国民俗采英录》，湖南文艺出版社1987年版。

> 玩龙灯除瘟灭邪，神珠灯引来太平。
>
> 打云灯风调雨顺，打牌灯国富民殷。
>
> 红官灯吉祥如意，宝莲灯万事亨通。
>
> 武场面多打得胜，文场面歌舞升平。
>
> 打板灯家家报喜，玩灯后四季太平。

"唱采"结束，观众喝彩，群情激奋。之后，随即开始舞龙。其舞法有"玩四门"、"龙戏珠"、"双龙出洞"、"龙翻身"等，从简到难，花样繁多。"龙翻身"是表演高潮，被舞之龙腾空而起，盘旋翘首，大有翻江倒海之势，颇为震撼人心。加之，有时将龙灯与花灯混合表演，舞龙灯气势磅礴，耍花灯细腻轻松。这样，融威武与欢快于一炉，化狂舞与豪歌于一台，更加显示了商洛山区人民的豪放与豁达。①

　　同为舞龙，舞法不一，被舞之龙的结局也不尽一致。在大多数地方，所舞之龙在年节过后要妥善存放，以便日后再用。而四川铜梁县在一年一度龙灯会结束时，要将龙燃烧掉。之所以如此，过去的一种说法是送龙上天，以保风调雨顺。粤东一带也是如此。这里的龙每节内都装有烟花，当舞至高

---

① 《偏爱元宵龙灯戏》，《区县经济报》1988 年 3 月 5 日。

潮时，龙头内的烟花被点燃，龙嘴喷火，龙身开始燃烧，点燃了各种烟花和鞭炮。此刻，场外镲锣队擂响锣鼓，火缆队点燃竹缆，喜炮队点燃鞭炮。顿时，场内火龙狂舞，场外镲锣声、鞭炮声齐鸣，场内场外火光通明，人声鼎涛，格外壮观。

各地舞龙别有风采，而每种风采独具的舞龙身上都附有一个美丽的故事，从而使中国的舞龙更加芬芳诱人。

流行于汉中地区的板凳龙很有特色。这种龙制作简单，用一块长凳木板，雕刻成龙的样子，一头为龙首，一头为龙尾，以色纸或彩绸贴上，画上龙鳞，龙首和龙尾的下端分别按上2只、1只能活动的木腿，板凳龙便制成。舞时，化装成青年模样的两女一男，女的头上插花，男的围白毛巾，女的舞龙头，男的舞龙尾，踏着锣鼓点，能舞出"盘龙"及"龙滚水"等多种花样。

为什么这种龙被称为板凳龙？据说来源于一个传说：很久以前，有个以打草鞋为生的老汉收养了两女一男3个孩子，女的叫大丫、二丫，男的叫三黑子。有年春节，有钱人家的孩子在街上舞龙灯，老汉的孩子看着眼馋，三黑子回家看着老汉打草鞋用的长板凳像个龙，就与两个姐姐舞了起来，而且边舞边唱："正月里来正月正，有钱的孩子耍龙灯，穷人的孩子耍板凳。耍龙灯，耍板凳，姊弟三人来耍灯。"这样玩龙邻居也觉着有趣，从而板凳龙便流传开了。因此，现在这里舞板凳龙也由两女一男共舞，而且也是边舞边唱，颇有另一番情趣。①

甚至，中国的舞龙所具有的粗犷、豪放、古朴、健美特色深深地打动了那些不怎么喜欢龙的外国人，致使中国的舞龙活动也走出了国门，出现在各国朋友的面前。四川铜梁舞龙队曾与重庆杂技团一起出访过西欧各国，受到过欧洲人的欢迎。久负盛名的佛山彩龙，式样各异，有金龙、烟花龙、火龙、彩灯龙、座龙、卧龙等名目，有的还运用电脑控制，能喷出水柱或肥皂泡，能做各种有趣的翻滚、盘旋、升腾动作，更具有观赏性和游乐性。近年来，佛山民间艺术社都要制作一些彩龙供应国内外市场。新春之际，在墨尔本、夏威夷、温哥华、伦敦、路易斯港等著名大城市中，都可以领略到佛山彩龙的英姿。

中国人哟，舞龙舞得真邪火了。960 万平方公里的美丽国土上舞得还不够过瘾，非要到世界的大舞台去一试身手不可。这种现象所反映的，大概即是民俗文化空间传播的无限广阔

---

① 王祥玉：《板凳龙》，原载《西安晚报》。

性色彩吧。

2. 龙舟竞渡

龙舟竞渡，又称"赛龙舟"，是我国南方普遍存在的一种民俗事象。这种古老的群众性娱乐活动，人声鼎涛，场面壮观，既充满着诗情画意，又显示着踊跃竞争精神，自古以来，虽被宋元等统治者严令禁止过，但禁而不止，一直流传到今天。

至于龙舟竞渡习俗形成的原因，主要有以下几种传说：

一种较普遍的说法是为了拯救或凭吊屈原。《隋书·地理志下》即说："屈原以五月望日赴汨罗，士人追至洞庭不见，乃歌曰：何由得渡湖？因而鼓棹争归，竞会亭上，为竞渡之戏。"《荆梦岁时记》中也说："五月五日竞渡，俗为屈原投汨罗日，伤其死所，故命舟楫以拯之。"

第二种说法是为了纪念越王勾践操练水师，打败吴王夫差复国的往事。《事物原始·端阳》云："越地传云，竞渡之事起于越王勾践，今龙舟是也。"

第三种说法是为了纪念伍子胥。传说，伍子胥因遭谗言而被吴王夫差抛于钱塘江中，有名曹娥者驾舟去救（东汉邯郸淳《曹娥碑》），后世即演化成龙舟竞渡。

第四说法是为纪念杀死毒龙的英雄人物。如黔东南施洞苗族"龙船节"的起源，被认为是为纪念杀死毒龙的老人保。①

第五种说法是为纪念某些著名女性。如云南白族"耍海会"龙舟竞渡是为纪念南诏时期柏节夫人祭夫投湖殉身事件；傣族"泼水节"龙舟竞渡，是为纪念7名"小卜少"（傣语，为姑娘意思）为除掉恶魔而献身的动人传说。②

以上传说的一个共同特征，即是将龙舟竞渡习俗的起源附会到为纪念本民族当地的一名杰出人物上。但是，人们不禁要问，纪念这些人物为什么要采取龙舟竞渡这种形式呢？为什么不赛其他的舟？为什么还要赛？显然，这是上述传说所不能予以圆满回答的。

以传说来打扮民俗事象的根本原因，在于为民俗事象找一个合法存在依据的同时，并使这种民俗事象具有了那个时代的精神风貌，从而导致了其流行起来更加顺利，更为人们所相信。

不过，"传说的要点，在于有人相信。另一个无可争辩的

---

① 胡晓东：《关于施洞苗族龙船节来源传说的分析》，《中华龙舟文化研究》，贵州民族出版社1991年版。

② 熊永忠：《云南少数民族妇女在龙舟竞渡中的地位》，《中华龙舟文化研究》，贵州民族出版社1991年版。

特点，是随着时间的演进，相信它的人就越来越少。"① 显然，当代人对于龙舟竞渡起源的探讨已不再迷信于那些传说，而把目光放得更为开阔了。

龙舟竞渡起源原因，应着眼于龙舟和竞渡两个方面。龙舟，最早见于《穆天子传》卷5中："天子乘鸟舟龙舟，浮于大沼。"可见，龙舟与鸟舟相同，皆为最高统治者所乘之舟。至汉代，《淮南子·本经训》云："龙舟鹢首，浮吹以娱。"这表明，鸟舟已被合并于龙舟之中，变成了龙舟的一个象征性部件，而且龙舟带有了娱乐性水上工具性质。《拾遗记》云："汉成帝尝与飞燕泛舟戏大液池……以云母饰于鹢，一名云母舟。又刻大桐木为虬龙，雕饰如真象，以夹云母舟而行。"可见，龙舟经过了一个由鸟、龙二舟到龙鸟一舟的发展过程，且其作用也有一个由原来的"浮于大沼"到"泛舟戏大液池"的转变过程。

之所以出现这种转变过程，恐怕与龙舟性质的变化有关。对此，众多学者所论，已涉及龙舟的原始巫术含义在于求雨祈年、祭祀河伯、禳灾驱邪、图腾崇拜、种族繁衍等多个方

---

① 〔日〕柳田国男：《传说论》第9页，中国民间文艺出版社1987年版。

面。但是，这其中有矛盾之处。南方为水乡，划龙舟的季节多在农历五月初，此时正值梅雨季节，求雨没有必要，祭祀河伯亦没必要，且不能求雨防旱与祭河伯防水灾发生两者并存。至于图腾崇拜则基于龙为图腾之论，显然也是不存在的。因此，乞求种族繁衍、禳灾驱邪应是其原始巫术含义。这与北方地区三月上巳节到河中洗涤求子的"祓契"风俗是一致的。因此，周天子才"乘鸟舟龙舟"，以示与嫔妃同往"大沼"；汉成帝才与赵飞燕乘"云母舟"，"戏大液池"；现在清水江苗族才有《龙舟飞歌》中的"要划龙船，人类才兴"、《祭龙舟词》中的"赐给大家添子孙，多像蜜蜂万万千"等说法。而求雨祈年等巫术含义则是后来所附加上去的。

把划龙舟称之为竞渡者，最早见于西晋人周处《风土记》中："仲夏端午……踏草，竞渡。"六朝人宗懔的《荆梦岁时记》也说："是日（五月五日）竞渡。"至于如何竞渡，没说。隋人杜公赡注释道："舸取其轻利者谓之飞凫。"凫泛指野鸭。竞渡船谓之飞凫而不言龙舟，可见远古以玄鸟为生育象征的遗风在隋代犹存，只不过人们已忘记其本来含义了。因此，当龙舟竞渡成为游艺竞技活动时，人们便把纪念屈原等具体历史人物附会到这种风俗上去，以神格化的人替代了人格化的"神"，使竞渡蒙上了一层更易于令人接受的纪念性、教化性色彩。

伴随着龙舟这种性质的改变，其形象也发生了某些变异。原来的"龙舟鹢首"，也变成了龙舟龙首，成了首尾皆为巨龙形状的船。在宋代，龙舟要"俱装十太尉、七圣、二郎神、神鬼快行"等神鬼的塑像或由人扮演。此外，还有"锦体浪子、黄胖"等泥制玩偶，间杂以旗伞、花篮、闹竿、鼓吹之类。划龙舟的人皆"簪大花、花脚帽子、红绿戏衫，执棹行舟，戏游波中。"（吴自牧：《梦梁录》卷5）现在，竞渡龙舟已简化了许多。不仅船上神像已无，船上饰物亦少了许多。龙分赤、青、黄、白、黑等色，船上旗帜等饰物与划手所穿衣服、船桨等都要求与船一色。各龙舟之间，颜色不一，甚有对抗竞争气氛。

龙舟形制，随地域亦有不同。汉族龙舟，一般长20～30米，每艘龙舟约坐30名水手。云南洱海龙舟，一般用大型木船改装而成，船上张灯结彩，两边船舷画有黄龙、黑龙，船上指挥者、呐喊者及划船者多达60余名，阵势浩大。贵州清水江苗族的龙舟，系用3根直而粗的杉树挖成独木舟捆绑而成，中间为母船，两边为子船，长约20米。每艘龙舟上坐38名水手，另有一名长者任鼓头，一名男扮女装的小孩任锣手，可谓别具一格，古色古香。因此，清水江苗族过去制造龙舟时禁忌较多。如将制造龙舟的树视为神树，砍伐之前要祭祀，要说"请你去当龙"的话，制作龙舟前要祭鲁班等，反映了这里所存在的"树是龙，龙是树；龙是舟，舟是龙"的民俗意识。

龙舟竞渡场面十分壮观。《隋书·地理志》说，竞渡时，"迅楫齐驰，棹歌乱响，喧振水陆，观者如云，诸郡率然。"唐时，"竞渡之戏"，"方舟并进，以急趋疾进者为胜。"有个叫杜亚的人，为夺龙舟竞渡胜利，令人"以漆涂船底"，又将划船手所穿绮罗之服涂以青油，以便"入水而不濡"（《旧唐书·杜亚传》）。唐代诗人张建封有首《竞渡歌》：

> 五月五日天晴朗，杨花绕江啼晓莺。
>
> 使君未出郡斋外，江上早闻齐和声。
>
> ……
>
> 鼓声三下红旗开，两龙跃出浮水来。
>
> 棹影斡波飞万剑，鼓声劈浪鸣千雷。
>
> 鼓声渐急标将近，两龙望标目如瞬。

龙舟竞渡之外，还有"做胜会"习俗。《清嘉录》云：竞渡前后，游客"争买土罐掷诸河，视龙舟中人执戈竞斗，入水相夺以为戏……号为做胜会。"《杭俗遗风》说，做胜会时，先由一人向龙舟鞠躬，画舫上的舱手遂将五色旗插在舫眉之上，而后各龙舟围绕画舫转圈，俗称"打招"。此时，画舫上的游客纷纷向水中抛铜钱、鸭子及其他物件，各龙舟水手下水抢。最难抢到手的是铜钱和鸭子。铜钱入水即沉入水底，非有好水性不可。鸭子在水上惊飞乱游，也难逮住。众多划船手在水中你争我夺，互不相让。观者呐喊欢叫，无不解怀。画舫上敲锣擂鼓，更添热闹。文人墨客则抓住这一小景，写下了众多脍炙人口的诗文：

> 鼓翻旗飐跃凫鹥，黄篾推开粉颈齐。
>
> 贪看河心龙影乱，忘人偷眼舵楼西。
>
> ——侠君先生：《竞渡词》

　　此种风俗，当是很古老了，绝不像现在通常所说的是为纪念屈原而向江水中投一些物品。湘西凤凰土家族所划龙舟，为两只小船连在一起的"双舟"，很有点《穆天子传》所载周天子乘鸟舟龙舟的味道。这里龙舟竞渡结束之后的一项奇特活动，即由主赛者向河水中甩鸭子，让划船人在河中相互抢夺，谁抓的多，谁就为胜。对此种风俗，有的学者考证，这是远古时代沐浴求子习俗的遗留。① 由此，不仅可以清楚地看

---

① 杨昌鑫：《土家族端午节划"双舟"龙船习俗源流考》，《中华龙舟文化研究》，贵州民族出版社1991年版。

到"做胜会"的原始性质，而且也可看到汉隋之时龙舟为"鹢首"、曾被称为"飞凫"的原因以及凤文化对龙舟文化中的影响。

当然，这一切俱往矣。现在，龙舟竞渡已成为更具游乐性、竞技性民俗色彩的活动。1984 年 5 月 16 日，国家体委作出决定，将龙舟竞渡列为正式比赛项目，并公布了竞赛规则。至今，已成功地举办了 4 届全国屈原杯龙舟赛，使群众所喜闻乐见的龙舟竞渡民俗发展到了一个新的时期。

龙凤，这对中国人所塑造的神物，伴随着其神秘色彩的逐渐淡化，其背上所驮负着的那歌舞天使的玉容更加妩媚动人了。

(二) 一首"锅碗瓢盆"交响曲

记得一位老先生在解释"彝器"一词时曾说："彝者，常也；彝器虽为青铜礼器通称，但实则是奴隶主贵族日常所用锅碗瓢盆的真实写照。"据此，我们这群曾梦想在考古方面显显身手的弟子即把墓葬遗存称之为"锅碗瓢盆"。后来，干脆连考古工作者自身那些活人也被称起"锅碗瓢盆"来。

确实，就墓葬而言，是生者为死者灵魂安排的可神游的世界，也是生者日常饮食起居的全面反映。因而，在今人看来，那些可以称得上是稀世珍宝、价值连城的随葬品，不过是当时奴隶主的"锅碗瓢盆"而已。

但就是这些"锅碗瓢盆"，却让后世人看到了历史的辉煌，听到了历史前进的脚步声，仿佛是一幅历史长卷，一部社会史诗，震撼着后世人们的心灵。这其中，也包括那些锅碗瓢盆所奏鸣的龙凤文化交响曲，展示着龙凤文化的神韵，跳动着龙凤文化的旋律。

那既是工艺美术品、建筑古迹，是"锅碗瓢盆"，更是龙凤文化的艺术殿堂。龙凤习俗衍生着艺术，艺术内含着龙凤习俗。两者融为一体，才象征着生命，使这些"锅碗瓢盆"成为传统，成为今天仍然活着的历史。

工艺美术，是艺术的造型。工艺美术按其功能而论，可以分为日用工艺和陈设工艺两种。日用工艺，即是经过装饰加工的生活实用品，如染织工艺、陶瓷工艺、家具工艺等；陈设工艺，即专供欣赏的陈设品，如一些象牙雕刻、玉石雕刻、装饰绘画等。工艺美术既是物质的产品，又是精神的产品，是物质的华丽与精神的高尚的统一。因而，工艺美术与模糊幻华型龙凤民俗文化的结合便有着更为坚实的基础和广阔的空间，从而导致了没有一种工艺美术品不曾表现过龙凤文化主题的现象存在。

龙凤文化来自现实又并非现实；工艺美术闪耀着抽象思维又并非完全是抽象思维；两者都体现了人类对于美好的追求。于是，龙凤化作东天上的彩虹，变成了一种工艺美术品，用无声的语言，表达着中国人那颗美好的心。

下面，仅对我国历史上曾存在过的表现龙凤习俗的几类主要工艺美术予以简要叙述：

1. 龙凤与陶瓷工艺

陶瓷是中国古代伟大发明之一。瓷器由陶器的发展而来。陶器是我国先民最早用以表现龙凤文化意识的工艺制品之一。在浙江余姚河姆渡文化遗址中，即有以陶器、骨器、玉器来表现龙凤图案的现象。在此之后的仰韶文化、马家窑文化、良渚文化、大汶口文化、龙山文化、屈家岭文化等诸新石器时代文化中，亦有龙凤形象的发现。

至汉代，龙凤形象在瓦当上被表现得尤为突出。其中，以"四神"为内容的龙凤图案最具有典型性，有着不少龙凤形象的佳作，有的甚至已经具有了某种抽象思维的形象（图26）。陕西所发现的"三鸟纹"瓦当，造型特征与《关中记》所载"上林苑二十一观有三爵观"及汉宫殿有"三雀观"的说法有一定的联系，与朱雀凤鸟也相似。这种三只凤鸟盘旋于同一圆形瓦当的构图，当是前面所提战国楚漆器凤鸟盘的流变。这表明，龙凤艺术表现手法如同民俗事象一样，并不是孤立存在和发展的，而是互相影响，取长补短，有着共同

图 26　汉代瓦当"三爵"图案

的艺术语言作为其主体的同时，还有着各自的艺术风格，表明了龙凤艺术的继承与发展的某些特征。

　　汉代以后，伴随着瓷器的迅速发展，陶器龙凤艺术开始让位于瓷器，使瓷器龙凤艺术步步走向了繁荣。在瓷器的漫长发展过程中，龙与凤纹一直是我国瓷画中的两大主要图案。宋元明清时期，龙凤为皇家所垄断，带有龙凤纹的瓷器也变成了皇家专用品。明代，官府专门在各主要瓷器产地建有官窑，烧制大量龙凤纹瓷器以供宫廷所用。因此，"缸多画云龙或青花，故统以龙缸窑名之"（蓝浦：《景德镇陶录·景德镇历代窑考》）。

　　在龙凤艺术被皇家垄断的时代，民间所用瓷器的图案少

见龙而多见凤，而且瓷器图案达到了"图必有意，意必吉祥"的地步。因此，"凤戏牡丹""鸾凤和鸣""喜相逢"等图案以及福禄寿图、富贵有余图、榴开百子图等便成为民间瓷器图案的主要内容。而且，此时的凤形象被表现得具有纤细美，更加情趣横溢，引人入胜（图27）。

图27　明代瓷器凤翔图案

更令人感到振奋的是，在带有龙凤文化色彩的瓷器中，存在着一些运用类似近现代科学原理而制成的名品。如"九龙杯"。九龙杯是景德镇所产著名瓷器，又称"九龙公道杯"

"九龙玉杯"。此杯集中体现了景德镇瓷器所具有的"白如玉、薄如纸、明如镜、声如磬"等优点，杯身绘有8条姿态各异的金龙，杯中露出一个雕刻精致的龙头。水盛杯中，若不满十成，则滴水不漏；若刚达到十成，则杯中水漏得一滴不剩，寓"满则溢"、"过犹不及"之意，故名"九龙公道杯"。此杯由3部分组成，上部为主杯，中部为一块荷叶盘，盘底与一倒置的杯相连，盘中有5孔眼通杯座，为漏水孔道。此杯利用虹吸原理制成，若水满，杯中的水则通过杯体中的虹吸管漏出，制作巧妙无比，堪称古代龙纹瓷器精品。

2. 龙凤与金属细工工艺

龙凤形象在金属制品上被表现得淋漓尽致的第一个辉煌时期为商周时代，从而导致了青铜器成为龙凤艺术得以宣泄的最早金属器皿。

商周时代的青铜器纹饰主要是龙纹和凤纹。由于此期的龙与凤皆被作为权力的象征，因此，以"国之大事，唯祀与戎"为指导意识的商代统治者，"率民以事神"，把龙凤的形象搞得以规矩、严谨、恐怖、神秘而著称。

至西周时代后期，青铜器纹饰线条逐渐变为以弧线为主，龙凤形象才开始具有了生动活泼、温柔可爱的气氛。

至春秋战国时代，在诸子百家重在谈论政治，阐明哲理的社会思潮影响下，龙凤形象才摆脱了商周时代那种以神秘怪诞为主题的内容和形式，开始以写实的手法来表示龙凤形象的潇洒了。

自秦汉时代起，青铜礼器的地位江河日下，逐渐让位于生活日用类青铜制品。其中，占主导地位的则是铜镜。西汉初年，已开始出现以铜镜作为钟情男女信物的风俗，生前相赠，死后随葬入墓，铜镜上也有了"见日月之光，长毋相忘"那类男女海誓山盟般的铭文。因此，汉代铜镜以"对凤""对兽"纹饰者较多，不仅显示了凤从代表神灵逐渐变为向夫妻恩爱象征这一民间生活主题的方向发展，而且也对唐代工艺美术品上大量出现成双成对排列绘图装饰法产生了巨大影响。

至唐代，铜镜制作工艺达到了顶峰。无论是彩绘、镶嵌，还是模铸、错金，凤形象或飞或跑，或停立，或蹲伏，无不造型丰满，神情动人，有着拟人化的舞姿美（图28）。

图28　唐代八棱凤鸟纹铜镜

自唐以后，铜镜便趋向衰落了。但是，有关铜镜的一些信仰却一直留传到解放初期。如有的地区，在姑娘出嫁时要携带铜镜。此铜镜被认为是"照妖镜"，是结婚典礼上的必备器物之一。显然，此种说法是铜镜民俗在其流传过程中附加封建迷信或宗教思想所导致的结果，而其本来含义则是绘有双凤图案的铜镜为钟情男女的象征和信物，因而才有汉唐时代对凤镜纹饰的盛行。

在龙凤纹饰伴随着青铜器的逐渐减少而淡化的同时，龙凤形象在金银器细工工艺上却得到了充分表现。在我国，金银器制作细工工艺是伴随着魏晋奢侈之风的兴起及唐代之际中亚西亚地区的金银器加工工艺的传入而发展起来的。秦汉时代，凤钗作为妇女的头饰仍为铜质，到魏晋时代则大都演变为银质。唐代，上流社会贵妇人头饰中的凤冠、凤钗，几乎皆是金银丝盘绕或金银片制成的，不仅材料非常昂贵，而且做工十分精细。一般在凤鸟嘴中衔有一串串珍珠玛瑙、珊瑚宝石，好似缨络，走路时左

图 29 头饰凤冠步摇
的贵夫人装

右摇摆，加之其他头饰的衬托，更显示出封建社会贵族妇女的审美观点：华丽、显赫、高雅、妩媚和超群（图29）。

在古代，"礼"是不下庶人的。以龙凤形象做成的金银器饰物同样如此。自宋代开始，封建王朝一再下令，严禁民间以龙凤形象作为装饰。但是，解放前我国老式婚礼举行时，新郎新娘的打扮犹如古装戏中常见的景象：新郎着古代文官模样、身上绣有龙凤形象的衣服；新娘戴凤冠霞帔、着绣有凤图案的衣服，一派帝王与千金公主的气概。

之所以如此，有两则民间传说。一则认为，这是宋末之际，宋帝康王兵败南逃，一个正在做嫁妆的乡村姑娘将皇帝藏起，躲过了元兵的搜查，脱险后的皇帝将村姑封为公主妹妹，准其以皇家礼仪出嫁。另一则认为，明代初年，出身于下层社会的朱元璋，批准了与之同出身同甘苦的马皇后的建议，允许男女结婚之际可穿蟒袍，戴凤冠。原来，这其中亦有皇恩浩荡。因此，民间称男女结婚为"小登科""龙凤呈祥"。

如果说，旧式婚礼举行之际，一对新人在帝王恩准之下尚可一时龙凤呈祥的话，那么，在封建主义重压下，民间仰慕龙泉宝剑风俗的存在，体现的则是淤积在被压迫者心中的一腔怒火了。

龙泉宝剑，相传春秋战国之际因铸剑大师欧冶予以"龙渊"七星湖水淬火而得名"七星龙剑"；此七星湖因称为"龙渊"而犯唐高祖之讳，后改名为"龙泉"，故名"龙泉宝剑"。对龙泉宝剑，民间有不少传说。据说，晋惠帝时，雷焕为江西丰城令，曾在牢狱地基下得到分别题有"龙泉"和"泰阿"字样的宝剑一对，献一剑给广武侯张华，张华鉴定此剑为春秋战国时名剑"干将"。后来，张华被杀，其剑不知下落。雷焕死后，其子携另一把剑过延平津，剑从鞘中失落入水中，他下水去寻，剑已不存，只见两条龙在河中蟠游，水翻浪涌，良久方息（《晋书·张华传》）。类似众多传说的出现，不仅为龙泉宝剑披上了一层神秘色彩，而且反映了被压迫者渴望借助于神剑杀尽不平以求太平的心理意识。因此，李白才有"宁知草间人，腰下有龙泉"那样的诗句（李白：《在水军宴赠幕府诸侍御》）。

不过，龙泉宝剑确为名剑。据说，古代浙江龙泉所产宝剑，坚韧锋利，刚柔兼备，寒光逼人，纹饰精致。剑身纹饰多为"苍龙七宿"和飞龙图案。现在所产龙泉宝剑，配以花梨木剑柄和剑鞘，系上大红丝剑穗，更加古色古香，典雅别致；用于练身，可以健体；用以装饰，可显雅致。从此，龙泉宝剑焕发出新的光辉。

3. 龙凤和木漆器

家具是一种主要日用品，其中大都为木质。家具作为龙凤习俗的又一种载体，不仅使起居之所蓬荜生辉，而且使龙凤观念意识更广泛地融入人们的生活中，导致了龙凤习俗的深入传播和继承。

大概，自汉武帝将龙凤形象装饰到宫廷的各个角落开始，龙凤文化便与家具结下了不解之缘。从此之后，民间便兴起了在家具上雕龙画凤的习俗。

且不说在明清皇宫之中，有龙床、龙椅、凤椅、龙辇等雕龙饰凤家具，因为，那是封建帝王对于龙凤纹饰垄断的象征；单是说民间，其家具也有着龙凤文化的痕迹。例如，在民间口语中，把老年人的拐杖称为"龙头拐杖"，在窗户上饰以龙凤的图案等。因此，出现了一些众多饰有龙凤的著名家具。如北京有雕漆"九龙壁"屏风、云南剑川有龙凤木雕家具、四川剑阁有"含云龙"及"开口龙"藤木手杖、山东潍坊有嵌银龙凤椅等，皆驰名中外，享有很高的声誉。

而且，有的家具甚至被饰以龙凤色彩的传说，更增添了这类家具的诱人色彩。如"细如棉纺,薄如纸张"的龙舒贡席,本来即以加工严格,篾纹细微,色泽鲜艳,不虫不蛀,柔软光滑,凉爽消汗而著名,有着极高的声誉。当有关传说广泛传播后,安徽舒城所产舒席身价倍增,销路日广。这个传说是:很久以前,舒城县北的平顶山上长有翠竹万竿,竹丛中有座孝子庙,庙里的住持和尚待人和善,享誉四方。一次,有位篾匠借宿庙内,得到了盛情接待。这位篾匠取山上翠竹编成龙纹花席相送,以感谢和尚的盛情。不料,和尚躺在篾席上竟飘然成仙而去。原来,那位篾匠是位仙人,他把编篾席的技术传了下来即回仙界去了。后来,舒城人编出的篾席作为贡品送到皇宫,深得明英宗的赞许,并御笔亲批了8个字:"顶山奇竹,龙舒贡席"。这则传说,无异于一则动听的广告,使舒席插上了龙凤的翅膀,迅速打入各地市场。

相比而言,漆器比木器更容易接受龙凤形象而使自己有着浓厚的龙凤文化色彩。这是因为,漆器图案多以描绘、镶嵌等手法予以实现,而木器多为透雕装饰,假如木器家具将龙凤形象刻画得异常精细,不仅能增加了制作难度,而且必然影响木质家具的牢固程度和整体美观。因此,木质家具多为抽象式龙凤,而漆器则多为刻画细致入微的龙凤图案。

早在战国时代，表现龙凤体裁的漆器即显得相当成熟。前面所提的S形凤鸟战国漆盘，即代表了当时龙凤图案的最典型表现手法和思维意识。这种传统在秦汉漆器中得到了进一步发扬，从而使此期的漆器呈现为光彩耀人的艳丽格调。1972年，在长沙马王堆汉墓中出土了一批精美的漆器，表明汉代漆器工艺美术已经达到了极高的水平。在这些漆器中，夔龙鸾凤是漆画的重要内容。其中一云凤纹盘，3只回旋的凤鸟贯通一气，串连成一个互相追逐、嬉戏般的圆形图案，表现出一种多层次的重复和节奏美，比前述战国漆器上的凤鸟更胜一筹。这一云龙纹盘，一圆圈切线把外围分为8个部分，中有3条形态各异的盘旋龙纹，构成了流动的形态，以动态的涡状与严整的圆纹相衬托，呈现出严谨与奔放相辉映、变化与守诚相配衬的美（图30）。

图30 汉代漆器云龙纹

4. 龙凤与石刻玉雕

中国，是受龙凤文化影响深厚的国度。中国，又是世界上生产著名玉器工艺品的国度。因此，龙凤文化与玉器工艺品便较早结合了。

迄今为止，我国考古发现所见到的最早的龙形象即为玉龙。前述1971年在内蒙古三星他拉所出土的距今五千余年的玉龙，既是已知最早的玉龙形象，也是目前所见的最古老的龙形象之一。之后，在殷墟中，出土过商代玉龙。在战国时代的遗址中，出土过夔龙玉佩。这些玉龙，虽然与后世所说龙的形象有着很大的区别，但已经揭开了龙文化的序幕，表明龙形象已作为玉器工艺的一个重要内容了。

在古代传说中，龙与玉的关系似乎更为密切，以至于龙以嗜爱玉的面貌出现在人们的印象中。《梁四公记·震泽洞》说："龙爱美玉及空青。"空青是玉石的一种。在该书中，即有梁武帝派遣使者，带上两只玉盒和以空青做成的两只缶，去贿赂东海龙王第七个女儿以索取宝珠，结果如愿以偿的神话传说。可见，龙爱美玉，甚至不顾龙王国的珠宝损失而贪赃枉法了。

在《水经注·河水》中，还记载了一个传说：一次，澹台子羽带着一块价值千金的璧渡河，船至中流，突然风浪大作，只见两条蛟龙一左一右贴在船舷两侧。子羽心想，这是龙眼馋我所带的千金之璧，想兴风作浪把我吓倒，从而将玉奉献给它。于是，他一边说着"我的璧只可义求，不可威劫"，一边抽出宝剑把蛟龙杀死。然后，子羽投璧入河，但璧马上又跳出水来回到他手中，如此三番，使子羽很生气。最后，他把璧砸毁，抛到河中，以此表示自己并非是个吝啬的人，而是对龙的"以威劫璧"感到不能接受。

如此龙爱美玉的传说，起因即在于玉不但有着美丽的质地，而且古人发现玉和水有着一定的联系。因此，《淮南子·地形训》和《尸子》都说"龙渊生玉英"。由此，黄河流域兴起了古代居民以玉璧投河祭祀河伯的风俗。《管子·形势篇》说："山高而不崩，则祈羊至矣；渊深而不涸，则沈玉极矣。"房玄龄注："山不崩，水不涸，兴雨之祥，故羊玉而祈祭。"可见，以玉祭渊祈雨，实际即是以玉祭龙祈雨。这大概即是玉龙较早产生的根本原因。

石刻与龙凤的关系更为密切。在中国古代传统雕刻艺术中，石刻艺术取得了很大的成就，留下了大量的艺术品。这些遍布全国各地的石刻，充分反映了龙凤文化在漫长的封建社会里所表现出来的两种创作主流：一种是为封建统治阶级服务的龙凤文化，宣扬的是王权的尊严和至高无上；一种是为社会现实生活服务的龙凤文化，表现的是人民的思想感情。

两种石刻在创作手法、造型和风格上都取得了卓越的成就，成为我国古代灿烂文化艺术的重要组成部分。

在我国，石刻出现于商代。到汉代，雕刻手法在石刻艺术中就得到了恰当的运用。在陕北、四川等地所发现的墓门石刻所表现的凤鸟形象，以优美的动态取胜，头、尾各用3根上下呼应的卷羽装饰，极为简练生动。在山东沂南地区所发现的石刻凤鸟形象，以阴刻线条为主，线条精细流畅，为后世人物画、山水画、花鸟画的线条语言提供了范例。①

汉代最生动的龙凤石刻，是一些陵墓前的巨型石雕。自汉武帝为表彰霍去病的功绩而在其墓前大树丰碑起，墓前石雕代代流传下来并得到了极度发展。在众多墓前"石象生"中，最能表现龙文化的，一是赑屃，二是神道柱。赑屃，为石碑下经常所见的似龟非龟的海兽，是龙子之一。《升庵外集》说："龙有九子，各有所好。一曰赑屃（又名霸下），好负重。"形似龟，因而又被称为"龟趺"。其造型扁平，重心低稳，跟石碑连在一起，有着平稳的感觉和装饰美。神道柱为神道两侧的柱形碑，也叫"华表"。其座及柱往往刻有双螭，

① 顾方松：《凤鸟图案研究》第40页，浙江人民美术出版社1984年版。

柱端有一蹲兽，此兽又称"望天犼"、"蹲龙"。加之，有的墓碑碑额本身即有龙凤纹。因此，龙凤文化成为我国古代较著名墓葬的一项重要内容。

龙凤纹石刻与文化结合较紧密者，当数砚雕。砚雕是常见石雕工艺之一。在我国，端砚自唐代即已成为著名品种，历宋元而至明清，端砚制作已达登峰造极的地步，闻名国内外。雕刻题材通常为花鸟、虫鱼、云龙、丹凤、山水、人物等图案。其中，最著名的当数饰有云龙、丹凤图案者。因此，至清代，出现了以善刻云龙的黄纯甫、善刻凤凰牡丹的罗赞和罗宝等著名艺人，其作品也大都为名家所藏。此外，产于安徽的歙砚，也以云龙砚、双凤砚、竹节砚、莲叶砚等较为著名。

现存龙凤纹石刻最为集中而华丽者，应数北京故宫了。对此，我们在后节予以叙述。因为，这些石刻已被纳入"凝固的音乐"之中去了。

（三）凝固龙凤文化的音乐

中国古代建筑，以其高大宽阔、雕梁画栋、回廊曲折、飞檐长椽而著名。人们活动其间，犹如欣赏一部交响乐章，品味一副美丽画卷，无不为其美妙的旋律和妙不可言的耐人寻味所震撼，情不自禁地想起19世纪德国浪漫主义艺术家所说的那句话：

"如果说音乐是流动的建筑，那么，建筑则可以说是凝固的音乐。"

龙凤，这对中国人所塑造的神物，便以无声的语言凝固在巍峨壮观的古建筑艺术之中。那是诗，是画，更是凝固的音乐，脉动着龙凤文化的旋律，回响在祖国的大地蓝天。

在锦绣中华大地上，与龙凤文化有关的建筑可谓俯拾皆是，且不说数量众多的自然景观因其外形表象具有龙形凤姿而得名龙凤，也不说某些地名因与封建帝王有些瓜葛而得号，单是那些人们用自己的双手建造起来的宫殿、庙宇和其他建筑物，则让人对龙凤文化所表现的庞大恢宏产生一种心灵的震撼。

古代的庙宇，是神灵与苍生的感应场。在各类不同庙宇当中，数量最多者当属于劳动者为自己的目的所建起来的龙王庙。这类龙王庙在解放前几乎每个村庄皆有，形制和规模千差万别，有的仅用几块砖头垒起，有的则重檐斗拱、巍伟壮丽。之所以如此，是因为过去的劳动者实在惧怕天气异常了，他们心中需要有个龙王来安慰那颗再也经不起任何风吹雨打的心。

因此，每当大旱到来之际，在龙王庙前祈雨，除烧香念佛、叩头祭奠外，还有一些较特别的习俗，同样显示了庙宇作为苍生与神灵感应场的特征。如过去河北省翼县南褚宜村"遭遇旱灾时，村民们就戴着用柳枝编成的帽子集合于龙王庙，把龙王像拿到庙前广场上进行'晒龙王'"。[1] 广州潮州地区，过去大旱之际，即把祈雨对象"雷迁爷"的神像从龙王庙抬出，让烈日暴晒，且在抬出之际每走三步即鞭打一次神像。[2] 如此晒龙王、打龙王求雨方式，虽然包含着对龙王的不恭，但反映了劳动人民塑造神并希冀它为自己服务的心愿，表现了原始崇拜所带有的关联思维在民间存在的长期性。

甚至，一些庙宇的建筑布局乃至周围环境，都被人们以龙凤文化的内容予以填充和规范，更使庙宇这个神灵与苍生的感应场所带有了龙凤文化色彩。在山西临汾有座重建于康

熙年间的尧庙，其主要建筑有五凤楼、广运大殿、尧井亭、寝宫等。而五凤楼所说"五凤"的意思是指尧和他的四位近臣，尧为一凤，四臣为四凤，有"一凤升天，四凤共鸣"的说法。如此将尧既比作龙，又喻为凤的建筑，实在让人难以区分尧到底是龙还是凤了。

在太原晋祠的建筑风格中，也存有这种现象。晋祠的主体建筑为建于宋代的圣母殿，殿前有一水池，池上架有十字形木桥，桥面中间平直，两端下斜与地面平齐，整体造型犹如一只展翅欲飞的凤鸟，因而被称为"鱼沼飞梁"。而坐落在陕西白水县史官村的仓颉庙，神话说仓颉"穷天地之变……指掌而创造文字，天为粟雨，鬼为夜哭，龙乃潜藏"（《汉学堂丛书·春秋纬元命苞》），是一个比龙都神的人。然而他庙院中的几棵柏树却被命名为凤凰柏、龙爪柏、二龙戏珠柏等，名字虽有趣，但与原传说大相径庭。

最令人不可思议的当属孔庙。孔子生前是个自己承认说不出龙的具体形象的老实人，见了老子才悟出了龙的神性是什么，于是同老子互相吹捧了一通，老子被吹为龙，孔子则被捧为凤。但是孔庙却被装饰成了龙的世界。在孔庙的主体建筑大成殿中，最使人拍手叫绝的是大成殿四周廊下的 28 根云龙石柱，尤其是殿前的 10 根深浮雕八棱形石柱，每面浅刻 9 条团龙，1 根柱子即有 72 条龙。前檐下 10 根深浮雕石柱，每根石柱上有 2 条盘龙上下对舞，中为宝珠，构成了传统的二龙戏珠图案，或盘旋蜷曲，或争抢宝珠，或穿云嬉戏，姿态各异，使整座大成殿显得更加威武而富丽、尊严而堂皇。总算起来，大成殿石柱上共有龙 1 316 条，数量之多，雕刻之美，即使紫禁城内的太和宝殿的盘柱龙也望尘莫及。难怪乾隆帝到此祭孔时，孔子后人生怕皇帝老子怪罪而用红绫子把云龙石柱包起来。如果，孔子在天有灵，恐怕也会骂后人违背了他信仰的初衷吧。

除庙宇而外，在古建筑中，龙凤文化气氛较浓者则要数历代封建王朝所建造的宫殿了。不过，值得注意的是，宋代以前宫廷建筑上的雕龙饰凤，并没有走上程式化、规范化的道路，因而显得较为零乱，仅是宫廷装饰"神仙"化思想的一种体现而已。自宋代开始，龙凤纹便趋向了定型，建筑设计也进入模式阶段了。

起到这种规范作用的，即是李诫重新修编的《营造法式》。此书共有 36 卷、357 篇，分释名、制度、功限、料例和图样 5 部分，是我国古代完整的建筑专著之一。在此书中，建筑用龙凤各式图案都予以详载，对后世的古建筑中的龙凤纹饰起到了界定和规范作用。在此，仅以凤鸟为例予以说明。

在《营造法式》中，凤鸟的造型基本有两种风格：一是"喜相逢"图案，二是适合于不同建筑形状的单相写实型凤鸟。"喜相逢"图案显然是战国漆盘双凤纹的发展和演变，成为吉祥图案的表现形式之一。这种图案，对于元明清之际团龙团凤的出现提供了思路，奠定了基础。而单相凤则适应于各式建筑中的柱础、门窗等有着不同形式要求的部位，其动态可随着装饰部位的变化而变化。这种写真型凤鸟，如果仅从单相来看，似乎缺少生机，但当其在建筑整体上与其他花卉、几何纹等配置后，不仅能起到精致富丽的装饰效果，而且与复杂的木结构、各式浮雕相吻合，完全能体现出我国古建筑豪华壮丽的民族形式和风格。相反，那种粗犷、简练、豪放的写意性凤鸟图案，虽然单相艺术性较高，但与古建筑的整体效果却无法协调。

自从宋代的《营造法式》问世之后，明清建筑彩画和石雕大都以此为范本。但这并不是说，元明清建筑中的龙凤纹饰并没有发展和创造。实际上，遍布我国南北各地的元明清建筑，并非是《营造法式》原封不动的临摹，而是在大致雷同的情况下的继承和发展。例如，宋代吉祥图案为"喜相逢"，明清时代仍有此种图案的沿袭，但更大量的则是以圆形"丹凤朝阳"作吉祥图案。再如其单相凤的写实性风格，在明清宫廷建筑中得到了极度发挥，写实技巧已达到了形态逼真、巧夺天工的地步，那种真实的美已成为时代的潮流，排挤和占领着建筑艺术的殿堂，以至于夸张变形写意性龙凤图案没有任何能力加入到宫廷工艺的行列中。

因此，可以说，明清时宫廷建筑工艺是无数能工匠呕心沥血的结晶。在南京明故宫台级中间，有一对石刻双凤，且不说那凤鸟的头、翅、尾等雕刻得精细入微，即是凤的每片鳞羽，也毫不含糊地以三条细纹予以刻画，实在不亚于作工笔重彩画的认真与细微。再加上以半浮雕的形式雕刻，难度更大。这一些，都无不在以无声的语言诉说：无数工匠终年累月的辛勤劳作，是宫廷龙凤图案得以问世的琼浆玉露；而最高统治者的显赫地位、至高权力和骄奢生活，则是宫廷龙凤图案得以问世的外在力量。

皇权需要神物的伪装和渲染，神物需要皇权的培育和提携。于是，两个"伙伴"便手拉着手走进了皇宫，使宫廷滋生了浓厚的龙凤色彩，也显示了皇家气派。在这方面，北京故宫可谓典型的代表。

北京故宫，旧称"紫禁城"，是元明清三代皇宫所在，既是我国现存规模最大最完整的古建筑群，也是有关龙凤建筑艺术保存最多最集中的场所所在。

故宫的每一座宫殿，无不是龙凤在宫廷建筑习俗中的凝练和积淀。在其布局中，龙占据着主导的地位，充实于宫殿建筑的每个角落，张牙舞爪，不可一世，充分体现了皇权的至高无上。而凤则以龙的陪衬面貌出现，所表达的无外乎是那些嫔妃仅仅是皇帝这条龙的猎物而已。

于是，天安门前的华表上蟠升着庄重神圣的汉白玉雕龙。天安门城楼上描绘和雕刻有形态各异的金龙、飞龙、盘龙、行龙、腾龙、团龙等，其数量多达两千六百余条。自此进入故宫，展现在人们面前的，则是一个无处不见龙的世界。

故宫有龙的三绝：

一绝为太和殿内藻井蟠龙。太和殿，俗称"金銮殿"，为故宫三大殿之一。太和殿正中，是象征封建皇权的金漆雕龙宝座。宝座两侧，有6根漆金沥粉的盘龙巨柱。宝座正上殿顶，有口藻井，一条巨大的浮雕蟠龙雄居藻井中央，作腾飞状。蟠龙嘴中含有外涂水银的玻璃大宝珠，宝珠号称"轩辕镜"。由于采用透雕等手法，龙头探出，龙须飘起，稍有空气流动，宝珠便微微晃动。藻井蟠龙与井口四周 16 条小金龙相映生辉，更显得精美华贵，堪称一绝。

二绝为故宫的丹陛云龙石雕。丹陛云龙石雕长 16.57 米、宽 3.07 米、厚 1.7 米，重约 250 吨，是故宫中最大的龙石雕。这块石雕四周刻有缠枝莲花纹，下部为海水江牙（亦称"寿山福海"），上部为 9 条蟠龙戏珠于突起的朵朵瑞云之间。丹陛云龙石雕，蟠龙雄健生动，瑞云缭绕流动，福海涌浪沸腾，莲花绵延交错，堪称又一绝。

三绝为三大殿台基上的螭首。故宫太和、中和、保和三大殿，为皇帝发布旨令、举行某些典礼的场所。三大殿前后排列在"工"字形汉白玉殿基之上，台基高 7 尺，分为 3 层，每层都由雕刻汉白玉栏杆围绕，构成了紫禁城的中心。太和殿有汉白玉望柱 1 460 根，望柱下伸出螭首 1 442 个。螭为无角之龙。这些螭首的作用，一在于威武壮观，二在于雨天泄水。每逢细雨蒙蒙，螭首嘴里便吐出一根根连珠状白色水线。若大雨滂沱，那连珠状白线便立即变成了一条条喷玉溅珠的白练，使紫禁城的中心顿时成了千龙吐水，白练飞悬的世界。如此精美设计，把建筑美与自然美融为一体，不愧为又一绝。

不过，上述故宫的龙皆附着在某个建筑的不同构件中，尚不能形成一座独立性的龙文化建筑。在故宫中，这样独立性的龙艺术建筑当数皇极殿前的九龙壁。

九龙壁在故宫中仅有一座，建于乾隆三十七年（公元1772年）。据说，乾隆帝异常喜欢北海九龙壁，便下令在皇极殿前仿建了一座。说是仿建，实则风格不同。北海九龙壁浑厚古朴，粗犷奔放；而故宫九龙壁则龙身婀娜，纤细玲珑；北海九龙壁比故宫九龙壁高三米余；而故宫九龙壁则比北海九龙壁长近四米。这些差别和不同，显示了紫禁城内龙凤建筑艺术与其外的微小差异，似乎表明故宫的龙凤以雕刻精细、金碧辉煌而著名，其外龙凤建筑则以粗犷威严、矫健雄劲而独特。

在我国，诸如九龙壁之类的建筑，起源于居民中的照壁。照壁本是在大门前或大门内的一种屏障性小型建筑物，有增加房屋的曲折性和所谓的"避邪""镇宅"等作用。民间照壁多以福禄寿等吉祥图案为主题，因而被称为"临门福壁"。皇室显贵以龙为照壁的主题，以显示其高贵门第和皇族身份，故而被称为"龙壁"。按壁上所表现龙的多少，分别被称为"一龙壁"、"三龙壁"、"五龙壁"、"七龙壁"、"九龙壁"等。

其中以九龙壁最为著名。

我国现存最大最古老的"九龙壁",为明太祖朱元璋的第十三子、代王朱桂府前的照壁。此龙壁建于明洪武二十五年（公元 1392 年）。明末，代王府邸毁于兵火，仅有此壁幸存下来，而矗立在今大同市东街路南。此壁长 45.5 米，高 8 米，厚 2.02 米，坐南向北。壁下部须弥座束腰处有狮、虎、象、麒麟、飞马等动物浮雕；上部为庑殿顶，正脊上刻有凸雕游龙莲花图案；中部以以山石水草相隔连的 9 条翻腾飞舞于水雾云涛之中的龙，正中为黄龙，两边四组游龙依次相对排列，分别为淡黄色、中黄色、宝蓝色和黄绿色，构图匠心独具，画面古朴生动。在九龙壁前有一倒影池，池水碧绿，龙壁倒影，风吹水皱，九龙如生，更有一番情趣。

北海九龙壁虽比大同九龙壁规模小一些，建造晚一些，却是饰龙最多的九龙壁。这座九龙壁长 25.5 米，高 6.9 米，厚 1.42 米，建于乾隆二十一年（公元 1756 年）。其壁前壁后各有蟠龙 9 条，盘旋升腾，雄浑苍劲。除此之外，在斗拱下，在筒瓦与陇垂上，都饰有一条条小龙，合计直起来壁上共有龙达 635 条。（图 31）

图31　九龙壁

为什么九龙壁被建筑得如此豪华？这与皇家尊崇和迷信"九"这个"天地之数"（《素问·三部九候论》）有关。帝王确信"九五之数为人君之象"，正如民间确信"好心才得好报"一样，从而创造了一些有关龙的传说，并促使某些带有龙凤文化色彩建筑的出现。

山西临汾的"龙子祠"便是一例。龙子祠位于临汾西南姑射山麓。相传西晋永嘉年间，有位妇人在野外遇一巨卵，带回家去孵化出一个婴儿，取名"橛"。橛长大后应募前去修筑平阳陶唐金城，作法使金城一夜间建成。刘渊听说后欲诛杀他，追到姑射山时，橛化作一条金龙，钻进山脚石隙中。刘渊拔剑斩断其尾，这石隙中便涌出一股清泉，故称"龙子泉"。泉水润泽一方，造福于民，后世便封橛为康泽王，并在龙子泉旁建康泽王庙，人称"龙子祠"。以后，便以橛被斩断尾巴的农历四月十五日为龙子祠庙会，予以奉祀。

如此带有愚昧性传说的龙凤文化民间建筑，如同带有欺骗性宗教色彩的龙凤文化宫廷建筑一样，虽依附于不同的阶级和阶层，但都如凝固的音乐，在表达着不同阶级和阶层的内心世界，从而使古代建筑披上以一层既神秘又吉祥、既龌龊又善良的霞光。

（四）一盘菜、一件衣和一个民族

一饭一衣，虽是居家日常琐事，却维系着整个国计民生。一盘菜、一件衣，看来虽微不足道，却能反映出一个民族的精神面貌。龙与凤，这对中国人所塑造的吉祥物、神物，自然要掺入到中国人的饮食文化和服饰文化中来，并从另一个侧面表达和体现着中国人的世界观及其独特的思维方式和伦理观念。

不过，就龙凤同饮食与服装的结合而论，似乎两者有着强弱的不同。自近代以来，在欧美文化的冲击和影响之下，中国人的服装虽然有过不同潮流的变化，但总的趋势还是"全面的西化"，一步又一步地趋向了西装革履。但是，无论欧美风俗如何冲击，至今中国人仍然吃不惯面包蘸黄油的西餐，用不惯刀叉和勺子，仍然喜欢那龙凤面，喜欢"凤凰牡丹"菜。

团龙团凤袍服在中国人身上的消失和"龙凤呈祥"菜被中国人的恋恋不舍，形成了巨大的反差，似乎表明中国人在吃穿问题上有着两种全然不同的审美观。孟子曾说过"食色，性也"，但没有讲"衣者，性也"。可见，在这位亚圣的心目中，饮食也是"江山易改，本性难移"，而服装则"穿衣戴帽，各人所好"，要怎么时髦就怎么时髦吧。

饮食风俗是一个民族形成及其民族性格特征得以体现的一个重要方面。一个人来到了人世间就要吃，在中国这样一个自然条件欠优的国度里，能保证一辈子有口饭不容易，能使整个民族吃上饭就更不容易。因此，自古以来，无论是中国的圣人，还是一般平头百姓，都在谈论吃的问题，都在为吃而探索。老百姓为填饱肚子，自远古时代开始，即把所能吃的一切全部整来吃到了自己胃里去。尽管曾有"尝百草之滋味，水泉之甘苦，令民知所辟就。当此之时，一日而遇七十毒"（《淮南子·修务训》）的记载，但中国人终于把天上飞的、地上跑的、田里长的、水里游的所有一切能吃的东西全部当饭吃了，从而奠定了中国饮食素以原料丰富而著称的基础，也为饮食文化的富有龙凤习俗色彩准备了前提。

龙凤习俗之所以能与饮食文化牢固结合，其基础即在于参入龙凤形象模糊幻化集合的动植物与丰富的饮食原料在外延上有着一定的重合性。在食物原料上，什么行蛇走兔、爬龟海螺，均为美味。有的甚至连蝌蚪、幼蝗、土蜂蛹、小蚂蚁也不放过，都逮来吃到了肚子中，并将这些野味视为佳肴，即使是大雅之堂上的食谱，也有其踪迹。中国饮食原料的如此广泛，导致了其与龙凤形象来源于某些动植物重合的同时，也使某些原料本身即以龙凤含义而命名。

以龙凤命名的动植物可谓不少。例如，民间把鸡称为"凤"，其爪称"凤爪"，其翅称"凤翅"。而把蛇称为"龙"，其胆称为"龙胆"，其血称为"龙红"。在广东有道传统菜为"菊花龙凤"，其主料为5种蛇（眼镜蛇、金环蛇、过树榕蛇、三索线蛇和百花蛇，统称为龙）、豹貓（称为虎）、竹丝鸡（称为凤），配以冬菇、木耳、姜丝、菊花等加工制成，吃起来风味别具。黑龙江地区有种鸟学名叫"棒鸟"，体形似鸽，颈骨较长，呈弯曲状，腿短，有柔羽护腿，爪有鳞，如传说中的龙状而得名"飞龙"。以此鸟连骨带肉切成小块，放入清水中煮汤，清香适口，沁人心脾，是黑龙江的名菜。此外，以龙眼、龙荔、龙蹄、龙肝瓜、蟠龙桃、凤桃、凤梨等命名的瓜果蔬菜也极多，被称为龙茶、龙凤茶、龙井茶的茶叶也不少。这些食物原料称谓，不仅表明其名称的儒雅，而且似乎表明古代居民在饥肠咕咕的岁月中，曾经将各种能吃的食物都拿来充饥果腹了。

如此广泛性食谱，使中国人发现了众多的山珍海味，并可能把那些不知其名者称之为"龙"。一个传说称，晋代，有个人送给陆机一条腌制的鱼，陆机尝后感到味道鲜美，就转赠给范阳人张司空。张司空尝了一口即说"这是龙肉"，并说"以苦酒灌之，必当有异"。陆机按他说的办了，果然有"五色文章"出现。（《雕玉集》卷14《别味篇》）另一个传说又称，夏代，有个叫刘累的人曾跟着豢龙氏学"扰龙"。后来，一条雌龙死了，刘累便将龙肉腌制后献给了夏后，夏后美食一顿之后还想吃，刘累惧怕，便逃到了鲁。（《左传·昭公二十九年》）这些传说都认为"龙肉"是难得的美味，但现实中又有谁见过龙和吃过龙肉呢？因而，即使这种传说有其影子，恐怕也是那些为人不熟悉的稀有动物了。

在漫长的岁月中，中国人为了填饱肚子，把能吃的东西全都吃到了，同时，也把各种可能的吃法都琢磨到家了。当今中国的烹调技术，在世界上享有盛誉。甚至，连在饮食上最为挑剔的法国人都被迷住了。有报道说："在巴黎，用中国菜招徕顾客的餐厅……每家都生意兴隆……每当星期日，还有大摆长龙的镜头。让法国人排队等饭吃，只有中国菜才有这种魅力。"①

中国烹调方法极多，炒、爆、熘、炸、煎、烧、焖、煨、烩、涮等等，每一种都应用得非常普遍。而且，每一道菜都运用了多种烹调方法，极尽人工雕琢之能事。如此做出来的菜，不仅色、形、味、香具备，而且不啻于精美的艺术品，既满足了人的嗅觉、视觉和口感，又满足了人的艺术欣赏；既令人舍不得下筷，又令人垂涎欲滴。如此高超的烹调技术的形成，其基础即在于对各种可食动植物烹制方法的长期摸索和试验。其中，自然包括上述传说中的刘累腌制龙肉和张司空的"以苦酒浇灌"鱼鲊那类经验。

在漫长的岁月中，食物供给不足逼使中国人把能吃的东西吃了个遍的同时，也养成了中国人"食无求饱，居无求安"的传统美德和极度迷信神灵能给自己带来丰衣足食年景的愚

---

① 转引自菲律宾《东方日报》，1977年11月21日。

昧意识。对衣食，中国人的传统心理要求并不高，只要衣能蔽体、食能饱肚便山呼万岁。但是，这最起码的满足生理需要的基本要求都往往达不到。于是，古代的中国人便怨天尤人。怨天，没有给予风调雨顺，于是便敬龙王，盼凤凰，拜一切可以称得上是神的和一切不是神的神。尤人，则把骂人哲学奉为圭臬，骂官府，骂劣绅，骂急了便揭竿而起，舍着命拼了。这便是既勤劳又本分，既艰苦朴素又乐土重迁的古代中国农民的活命哲学，也是这个国度在古代曾爆发过世界上其他任何国家都不曾爆发过的一次又一次农民大起义的根本原因。

为了能生存下去，古代的中国人一方面把美好的希望寄托于家族、宾朋和那些所谓能为民做主的父母官，另一方面则倾其一切去悦神。于是，最好的饭要给长辈吃，最好的菜要给宾朋尝，最好的酒要献给父母官，最好的肴要祭奠给神。在这一系列的尊崇与被尊崇之中，一些矛盾的现象便发生了：赡养老人成为美德，但谨遵父命不越雷池；"有朋自远方来，不亦乐乎"，但朋友来便海吃海喝方才为"乐"；"箪食壶浆，以迎将军"，但"将军"为肉食者，山珍海味早已吃腻了；最美的食物祭祀龙凤，但龙凤并没有把风调雨顺、五谷丰登带给人间。明明自己尚糠菜半年粮，反而硬撑着这样做。这真是死要面子活受罪，打肿脸充胖子。

　　不过，就是这死要面子活受罪、打肿脸充胖子的传统意识所驱使，使中国的饮食文化达到了极高的艺术水平，进入了完美境地。即使当你翻看那普通菜谱，那一连串动听的菜名即让你想到中国的画、中国的诗。那些什么"双龙戏水""牡丹凤凰""孔雀开屏""百鸟朝凤""龙凤呈祥"等富有极高的文学性的菜名，即使不吃，也是一种美的享受。广东有道名菜"二龙吐玉珠"，二龙为两条乌蛇，玉珠为樱桃。在椭圆形的长盘中，两条乌蛇（龙）各自盘踞一边，正中是一火红色龙头，大嘴微张，双目炯炯，龙须虬劲弯曲；龙身周围空闲处点缀上大块大块的奶油，宛如白云朵朵；红樱桃均匀地撒在四周。如此，黑、红、白三种对比色巧妙配置，产生了风格淳厚、形象生动、气势恢宏的艺术效果。而黄河流域各地婚宴上所必上的一道菜为"龙凤呈祥"，其龙与凤的形象则是用"吊饭瓜"、青萝卜等雕刻而成，盘空间饰以牡丹花、冬青叶等，既有强烈的喜庆气氛，又不啻是一件绝美的雕刻艺术品。

　　有人曾说，中国菜"色美如凤，形美如龙，香能醉神仙，味似百味瓶"。这话似有一定的道理。确实，中国菜颜色配置如凤凰般鲜艳；其形状变化无常，姿态各异；味道的确胜过打翻的百味瓶，有百味而不止，让人回味无穷。这种味道，实际是"调"的结果，是把各种物料放在一起，经过一番加工制作的调味工夫，使它们各自都几乎丧失了原味的基础上，再融合成一种新的味道和口感。如广东的"五蛇龙凤会"、山东的"游龙戏凤"等，即是指蛇肉与鸡肉绞在一起，埋没其个性而显示其整体性味道的结晶。如此烹调技术，与中国人重视集体的性格特点也是相通的。

甚至，如此大杂烩式的调和制作，能导致一些动听传说产生。在《中国菜谱》中，有道名为"蟠龙菜"者即来源于一个传说：相传，明武宗临死前，曾传旨外地的两个儿子："谁先进北京谁即为君王。"住在湖北钟祥的兴王朱厚熜，为免去进京路上州府迎送的麻烦，决定扮成钦犯进京，并下令城中厨子连夜做一种"吃肉不见肉"的食品。有位厨子受红薯启发，把鱼、肉剔骨去皮，剁碎混在一起，加上各种佐料，制成外包鸡蛋皮的"红薯"。朱厚熜一路吃着这样的"红薯"抢先进了北京，做了皇帝，改元"嘉靖"。继位后，此菜即被改名为"蟠龙菜"。其实，当今盛销的各类火腿肠，亦无不是如此调味的结晶。如此说来，龙凤配实则也是这种调和思维模式的结晶。

衣、食、住、行，衣在首位。事实上，将"衣"与"食"相提并论并不十分恰当。因为饮食维系生命，而服饰从一开始即是一种带浪漫色彩的文化创造。因此，当达尔文将一条红色毯子送给一个挨冻的原始部落的野蛮人时，他把毯子撕成了一片又一片，分给了与他一起的野蛮人，一人一块拴在腰间。原始时代的野蛮人"情愿裸体，却渴望美观"的现实说明：服饰的美，最初不是给诗人看的。

服饰的美最初是给异性看的。因此，在那些社会形态异常落后的民族之中，男性总是把自己装扮得那样矫健和富有魅力。他们文身、头戴花冠、耳有耳饰、鼻有鼻饰，跳着粗犷的舞，显示其美以博得异性的青睐。相反，这些民族的女性却较少打扮。这种现象似乎说明，在远古时代，曾有一个男子领导装饰潮流的岁月。因此，那些近现代仍在身上有龙凤纹的男子，可以作为那个远古时代装饰潮流的代表及龙凤服饰文化起源的例证。

不过，伴随着"女性的具有世界历史意义的失败"[1] 的到

---

① 恩格斯：《家庭、私有制和国家的起源》，《马克思恩格斯选集》第 4 卷第 52 页，人民出版社 1972 年版。

来，男性成为社会的主宰者之后，他们再也不屑于用挑逗的方式来博得异性的爱情，而是凭借着所获得的社会地位和权力，把整个妇女集团据为己有。从此，女性失去了自由和权力，开始利用服饰作为一种无声的语言，委婉地表达着自己的愿望和心迹。有句古语"女为悦己者容"，一语道破了古代妇女贤淑端庄面目背后的凄凉和哀怨。于是，追求打扮美便成为女人的天性。

但是，不能忘记，原始时代服饰作为部落的标识作用在进入有阶级社会后，则被统治者以制度的形式固定下来，使服饰成为识别不同地位、等级的社会成员的标志。周代，即规定天子"衮服"十二章，每一章都表示一定的含义，如日月星辰，取"临照"之意；山，取意在"镇"；龙，取意在"变化"；华虫（雉鸡，为凤），取意在"祥瑞"，等等。这种服制历秦汉，经魏唐宋元，直至明清时仍然在严格地执行着。明清官员一般都是补服，即前后各有一块或圆或方的背胸，文官一至九品分别绣有仙鹤、锦鸡、孔雀、云雁、白鹇、鹭鸶、鸂鶒、黄鹂、鹌鹑，武官则绣麒麟、狮子、豹、虎、熊、彪、犀牛、海马。无论文武官吏，还是民间士绅，一律禁止使用织绣龙凤服饰，禁用玄、黄、紫等色。皇帝服饰全为龙纹，前胸后背主要为团龙图案。皇后服装所绣为凤纹，头上所戴凤冠，除金凤外，尚有翠龙衔珠形象，表示她是皇帝的嫡妻，生下的儿子还要做皇帝，总算还沾了点龙气。而其余的嫔妃，无论服饰，还是冠饰，只有凤纹，没有龙纹，所用凤纹亦多为团凤。如此严格的规定，表明龙凤文化恰恰适应了封建等级社会的要求，变成了最高统治集团的一种象征性标识而被纳入了封建社会的服饰标志中去了。

但是，作为女性，尤其是民间女性却是个例外。因为她们已被排挤在统治集团之外，因而也就不受社会的某些等级约束，导致了随意装扮成为可能。俗语说得好："农家女儿爱扮俏，描凤绣花乐逍遥。"农家女儿，天高皇帝远，自然更能有机会突破各种服饰禁令而着意打扮自己，从而使这方天地的服饰散发着泥土的芬芳、朴质的气息。

自宋元以来所兴起的蓝印花布便是一例。蓝印花布印染技术简单，原材料易于解决，成本又低，装饰效果又好，深受农家欢迎。因此，蓝印花布自宋代兴起后，至明清之际已传遍我国南北各地。其图案除有花草、鸟蝶、鹊梅、狮球和凤穿牡丹等流行题材外，常见的还有四季花、五点梅、落地梅、满天星、什锦等。所使用的凤鸟图案，按其雕版工艺分，有白底蓝花凤鸟和蓝底白花凤鸟两种；按凤鸟数量及其陪衬纹饰分有单凤、双凤、凤戏牡丹、团凤等（图32）。蓝印花布上的凤鸟，既可作为门帘、包袱布、围裙等的主题装饰，又可作被褥的边饰或面饰；既有衣料的四方连续形式，又有中心花的适合图案；实在有着多种用途。此种布料和图案能在宋元明清时期盛行，表明人类追求祥和美好的那颗心是封建专制所不可能窒息得了的。

图32　蓝印花布图案

服装，是带有浪漫色彩的文化创造。服装艺术，是社会的一面镜子。一种服饰的流行，常常能反映民心所向和某种文化思潮。当满族入主中原后，旗装很快风行中华。同样，当辛亥革命推翻封建专制之后，大红大绿描龙绣凤的旗装便逐渐被国人所抛弃。今天，社会的开放为人们提供了一个直观人生的大好机会，人们实现自己的表现欲、满足自己的爱美心的行为，可以得到社会的承认和支持，服饰艺术从伦理社会的束缚中挣脱了出来，走上了自由发展的道路。龙与凤这对吉祥物，终于同中国人的服装分手了。

那么，正值当今世界上兴起宽松、流畅、洒脱、平易风格的服装新潮之际，龙凤神韵是否还能再一次与中国人的服装结合？如果能，又将如何去展示中华民族的风姿？这大概是中国的服装设计师们应该思考的一个课题。

七、结缔龙凤魂

一个人是要有点精神的，一个民族同样如此。作为一个中国人，应该具有的精神即是奋斗。中华民族作为一个伟大的民族，所应具有的民族风貌同样是奋斗。奋斗，这是中华儿女的民族魂，是中国人去争取自立于世界民族之林的精神支柱。

龙凤文化，在中国人的精心培育和呵护下，坎坷数千年。其中，有精华，也有糟粕。今天，崛起中的国人虽然再不需要包括龙凤在内的神灵的护佑，但是，中国人需要包括龙凤所体现的升腾、祥和精神的滋补和激励。因为，那是从数千年历史中所挤出来的奶。

(一)"画龙点睛"启示录

俗话说:"画龙画虎难画足。"我不懂得绘画,但我觉着足好画,尤其是龙足更好画。因为龙是幻化性神物,世上本来即不曾存在过,画龙不成就画蛇,即使是画蛇添足式地胡乱涂抹,谁也不会提出多少疑问来。

我倒认为,龙的眼睛最难画。因为,这如同人的眼睛一样,是最带有生气的地方。不然的话,也就不会有"画龙点睛"传说了:

相传,南朝时梁国有个精于画龙的画家,名为张僧繇。一次,他应邀为金陵安乐寺壁上画4条龙,画已做成,就是不点眼睛,说一旦点了眼睛,龙就要腾空飞走了。人们不信,偏要他为龙点睛。张僧繇只好遵命提笔,为龙点睛。突然,雷鸣电闪,画壁开裂,两条刚点了晶亮眸子的龙乘云上天,只剩下没有点睛的龙还呆呆地留在寺壁上(张彦运:《历代名画记》卷7)。可见,起码在著名画龙专家张僧繇的心目中,眼睛是龙的灵魂和神气所在。

然而,在一般人的思维意识中,龙是神物,变化无穷,人是看不到的。因此,元人画了幅形态各异的《群龙图》,明朝开国元勋刘伯温看后，尽管诗兴大发，也只得哀叹："世间万类皆可睹，茫昧独有鬼与龙……得非物产有异种，或曰神变无常踪……安得伶伦截竹筒，吹之呼龙出石䃱，使我一见开昏瞢。"

那么，龙凤的精神是什么？在历史发展到即将揭开人类21世纪华丽篇章的今天，在塑造龙凤这种神物的国度里，其后人应该继承和发扬龙凤文化的哪些优秀成分？应该如何铸造和结缔新时代的龙凤之魂？

由此，令人想到了有关火中凤凰的那个传说：古方国（即阿拉伯）曾有神鸟名"菲尼古司"（Phoenix，音译，即凤凰），满500岁后，集香木自焚，复从死灰中更生，鲜美异常，得以永生。

由此，令人想起了中国的那个传说：炎帝有小女名精卫，状鸟，"居南阳崿山桑树上，诱之不得，以火焚之，女即升天，因名帝桑女"（《太平御览》卷921引《广异记》）。以火而求取永生，也是火中凤凰。

由此，令人想起了郭沫若先生的那首诗：《凤凰涅槃》。这首载于我国现代文学史上第一部诗集《女神》中的凤凰之歌，以火中凤凰的传说为素材，以汪洋恣意的笔调和重叠反复的诗句，鞭挞了旧世界的丑恶和庸俗，刻画了凤凰自焚的沉痛和悲壮，讴歌了新生的和谐与欢乐：在除夕将近时刻，在梧桐已枯、醴泉已竭、尽是寒风凛冽的冬天的丹穴山上，一对凤凰飞来飞去为自己安排火葬；临死前，它们起舞歌唱，凤"即即"而鸣，凰"足足"而合，诅咒冷酷、黑暗、腥秽的旧宇宙，控诉沉睡、衰朽、死尸般的旧生活，陈述那只是"流不尽的眼泪，洗不尽的污浊，浇不息的情焰，荡不去的羞辱"的旧岁月，"把现有的形骸烧毁了去……再生出一个'我'来，"① 去求取更生，去拥有新鲜、华美和芬芳，去歌唱热诚、挚爱、欢乐与和谐，去享受生动、自由、雄浑与悠久。

这诗如同时代的旋律，震撼着奋起中的国人：香木燃起的火如同炼狱一般，能荡涤冷酷和腥秽，求得芬芳与和谐，画龙点睛，方能使蛟龙腾飞、凤凰翱翔。

虽然，伴随着封建专制的被推翻，皇权在中国人的脑海中被清除的同时，龙凤作为皇帝与皇后象征的概念也被中国人抛到爪哇国去了，但是，一些旧有的习俗观念仍在作祟，龙凤还没有完全地褪去其神物的色彩而显示出吉祥物的纯真。

---

① 《三叶集》，1920年1月18日致宗白华信

其中，有关龙的节日就很有代表性。

在我国，龙的节日的形成原因主要有两种：一是基于节气的到来；二是基于祈雨习俗。基于祈雨习俗而形成的龙的节日多而杂，大都带有地区性色彩。如农历三月谷雨这天湘西一带的苗族开始的"看龙场"节，每隔12天看一次，谷雨后的第一个辰日为"看龙头"，第二个辰日为"看二龙"，第三个辰日为"看末龙"。逢到看龙日，男女老少都休息，参加看龙活动，如干农活要犯禁。山东烟台沿海谷雨这天要祭祀海龙王，之后，便出海投入桃花汛捕捞。此外，云南中甸一带藏族四月十五日"祭龙王节"、吴越地区五六月份中的"分龙日"、六月六日鄂西土家族的"晒龙袍节"、云南大瑶山区七月二十日"龙母上天节"及八月二十日"龙公上天节"、湘西苗族九月十日的"接龙节"等，皆为地区性的"龙"节。

而二月二是我国一种普遍性的"龙"节日。谚语有"二月二，龙抬头"的说法，故此日被称为"春龙节""龙抬头节""青龙节"等。河北《赤城县志》载："二月二日，各家晨起汲水，谓之'引龙'。"《奉天天通志》云："二月初二日……人家晨起以灶灰撒院中，左右作大圆圈，复由堂屋撒到大门，延至井堰，名曰'引龙'。"山西《大同县志》说："二月初二日……早刻，户家按是年治水龙数，投钱于茶壶，汲水井中，随走随倾，至家则以余水合钱尽倾于蓄水瓮中，名曰'引钱龙'。"各地风俗虽不尽一致，但都是把龙作为保佑风调雨顺和丰收富裕的神物看待的。

其实，所谓"二月二，龙抬头"之"龙"，应是指"苍龙七宿"之星。农历二月二日前后，角、亢、氐宿黄昏时已在地平线上升起，故称之为"龙抬头"。《石氏星经》说："角为苍龙之首，实主春生之权"。可见，二月二日所祭之"龙"，经过了一个由人间原始宗教所幻化塑造之龙比附天上星象之龙，再以天上星象之龙比附人间原始宗教之龙这样一个转变过程，在神的物化和物的神化上经过一番比附类推过程之后，也使本为物候崇拜祭祀变为神物崇拜祭祀了。

更有甚者，有的地区将二月二"龙抬头"节变为崇龙、敬社、敬祖的节日，使这个本来为春耕生产总动员性的节日变成了一个完全的宗教性节日。例如，河北赵县范庄二月二日"龙牌会"。其"龙牌"上所雕刻的龙头和两条龙形象，却是"天地三界十方真宰"（即民间所称"老天爷"）龙的牌位，是范庄人的先祖勾龙的牌位，而勾龙又被认为化作一只白蛾，所以这里也敬白蛾。① 这样，将崇龙、敬祖（勾龙）与敬白蛾联系在一起，则有点祖宗崇拜与二月二"龙抬头节"相结合的味道了。

虽然，这一切龙节日的祭祀活动都带有着宗教迷信色彩，都应在改革之列。但是，其中所具有的春耕生产总动员的作用，以及举办各种山会促进物资交流，宣传健康向上的伦理道德等，则有着一定的积极意义。因此，对这类节日民俗，应该积极引导，来一番凤凰涅槃式改造，让龙凤文化放射出更加夺目的光彩。

当然，龙凤文化的一个最重要的方面，在于中华民族对其认同感。龙凤文化作为一种习俗文化，同其他习俗一样，都是在民众自觉而不自觉给予认同的基础上得以传播和延续的。现在，龙凤的某些习俗固然已被淘汰，但大量的有关习俗仍然有着顽强的生命力而广泛地存在于人们的周围，导致现在的乃至后来的中国人无时无刻不在接受着这种习俗文化的熏陶，这对于增强民族意识和社会群体的凝聚力是有着重

---

① 勾龙为传说中的共工氏之子。《左传·昭公二十九年》："共工氏有子曰勾龙，为后土。"范庄"龙牌会"见刘其印《龙崇拜的活化石》，《民俗研究》1997 年第 1 期。

要作用的。

可能，有的人并没有感到自己曾置身于龙凤习俗文化的氛围中，但是，只要留神一下生活，你就会发现，龙凤习俗仍然在顽强地表现着自己的未来、延续着自己的神韵。你会看到，集邮者是那样痴迷于载有龙凤形象的邮票。且不说清政府1878年所发行的一套3枚"大龙邮票"、1885年所发行的图案与"大龙邮票"相仿、票幅较小的"小龙邮票"、1897年所发行的"蟠龙邮票"，以及辛亥革命后这套邮票被加印"中华民国"4字后仍然使用的样版皆成为高价值的收藏品，单是1988年中国邮电部1月5日所发行的龙年生肖邮票即让收集者视为瑰宝，价值已高得令人咋舌而不敢问津了。这表明，龙凤形象在中国人的心目中有着极高的地位和较牢固的认同感。

更使中国人所不能置身于其外的，是有关龙凤的语言。当然，伴随着满清王朝的被推翻，一些有关龙凤的词语已成为历史性语言，而与当今时代的联系较少了，如"龙床""凤冠""龙袍""凤帔""龙墩""凤椅""龙颜大怒""凤容嗔怪"等，已在今人的语言中失去了生命力。但是，像"龙腾虎跃""龙飞凤舞""龙跃凤鸣""龙凤呈祥""龙翰凤翼""凤毛麟角"

"丹凤朝阳""百鸟朝凤""凤鸣朝阳""凤凰于求""凤求凰"之类的成语，仍然活在人们的口头、笔端。而且，这些语言无不带有着褒义，并不带有任何的封建色彩，因而恰如其分地正确使用能给人以语言美的享受。

更何况，某些有关龙凤的词语已成为固定的专业性术语或口头性俗语。如动植物学专用术语有龙舌兰、龙脑香、龙角木、龙爪槐、龙血树、龙胆草、龙虾、海龙、石龙子、凤梨、凤蝶、凤仙花、凤尾兰、凤尾竹、凤尾鱼、凤眼蓝、凤凰木、凤凰竹等。天文学专用名词有天龙星座、凤凰星座等。现代工具专用名词有龙门刨、龙门起重机等。通用的俗语性常用词语有来龙去脉、成龙配套、望子成龙、"大水冲了龙王庙，一家人不识一家人"、"落地的凤凰不如鸡，龙困浅滩被泥鳅欺"、"男儿当生龙活虎力争做中流砥柱，女儿应龙凤呈祥凤先飞不让须眉"，如此等等，不一而足，不由得每个中国人自小就生活在浓厚的龙凤习俗文化氛围中。

这种浓厚的文化氛围，增加了人们对习俗认同感的同时，也增强了一个民族的凝聚力。当你置身于这种语言环境之中，当你看到那龙凤的建筑、龙凤的工艺、龙凤的服饰和饮食，当你听到那龙凤的歌，跳着那龙凤的舞，当你汇入那舞龙灯、赛龙舟的狂热洪流中去的时候，你的一切便完全地融化到民族中去了。你会体会到中华民族的可爱，享受到做一个中国人的骄傲。这样，可以激发每一个中国人的爱国热情，使中国人团结成一个坚强的集体，去走自己的路，去铸造和结缔龙凤之魂，去实现一位伟人的心愿："中国人分散开力量不大，集合起来力量就大了。"①

龙凤之魂，魂系和平、繁荣。中华民族，是一个爱好和平的民族，也是一个立志于追求繁荣的民族。历史上，中华大地上虽发生过多次战争，但从来没有把战争的灾难强加给他人。历史上，中国人固然把乞求风调雨顺、五谷丰登的希望寄托于上苍，但表达的却是生活美好、社会安宁的心愿，而不是其他。中国人这种传统心理和民族秉性的形成，与龙凤作为一种重要的吉祥物长期在中国人的心灵中的潜移默化作用不无关系。

为了追求美好的生活、安宁的岁月，中国人曾顽强不息地奋斗过。奋斗不止，同样是龙凤魂系所在。在我国，有个鲤鱼跳龙门的传说：

①《邓小平文选》第3卷第358页，人民出版社1993年版。

据说，黄河龙门处，"每岁季春，有黄鲤鱼，自海及诸川，多来赴之。一岁中登龙门者，不过七十二。初登龙门，即有云雨随之，天火自后烧其尾，乃化为龙矣"（《太平广记》卷 466 "龙门"条引《三秦记》）。龙门形如阙门，即黄河禹门口，在今陕西韩城市东北。当地传说，跃龙门的鲤鱼来自东海，龙门高百丈，一个个鲤鱼跃到七七四十九丈高再也跃不动了，于是一条为另一条垫底，又跃上了七七四十九丈高，只差两丈再也跃不上去了。大禹见鲤鱼如此执着，深受感动之下搧过一阵清风，众鲤鱼乘风而跃过龙门，唯有一条为众鲤垫身的金鲤鱼没有跃过去。后来，这条鲤鱼借水势跃上浪尖，又用尾巴猛击浪峰，终于跃上了蓝天白云之间，然后恰似天龙下凡而轻轻落到龙门上。大禹看了极为高兴，就在这条鲤鱼的头上点了个红点，使金背鲤鱼变成了黄金龙，负责管护龙门。

可见，鲤鱼跳龙门确乎需要有艰苦奋斗的精神。不然的话，是变不成龙的。难怪李白写下了那首诗："黄河三尺鲤，本在孟津居。点额不成龙，归来伴凡鱼"（《赠崔侍御》）。这说明，龙的腾空来源于艰苦奋斗的品质和精神，那些只望子成龙而不教会儿子如何奋斗的父母，是没得到望子成龙的真谛的。

　　爱好和平，追求繁荣，奋斗不止，是龙凤魂系所在。而要如此，就必须同一切恶势力做拼死的抗衡和斗争。这同样是龙凤魂系所在。

　　凤有凤姿，龙有龙颜。在古代，龙颜凤姿曾被作为封建帝王及皇后的不可侵犯性象征。今天，皇帝老子已不复存在了，但这种不可侵犯的象征未必没有可取之处。如果，我们将龙凤作为国家的象征，以龙凤的不可侵犯性来比喻中华民族不可被人欺辱，那么，龙颜凤姿同样可有用武之地。

（二）并非独有中国人喜欢龙凤

　　今天，当我们总结和探讨龙凤文化扬弃与继承问题的时候，却惊奇地发现，并非中国人对龙凤情有独钟，连一些外国人也在津津乐道龙凤。

　　过去，欧洲人对龙凤有着极浓重的反感心理。在欧洲传统观念中，龙是不神圣、不吉祥的，是个由许多种动物的部分肢体组成的丑八怪，是恶势力的代表。"龙"这个概念，无论是英语、法语，还是德语、俄语，都源于拉丁语"draco"，其义都有"凶恶的人""残酷的人""残暴的人"等意思。《圣经》中也曾提到龙，其中《启示录》第 12 节中的大红龙，是魔鬼撒旦的化身。

与东方人狂热的龙崇拜相左的西方人龙观念的形成，恐怕与匈奴族的西迁有关。汉武帝时代，强大的西汉王朝一反过去屈尊于匈奴族的"和亲"策略，为解除边患而北击匈奴，迫使北匈奴西迁而导致了世界史上的第一次人口大迁徙。在西迁过程中，匈奴族征服东西罗马，建立了横跨欧亚大陆的匈奴帝国，极盛时曾一度占领过从里海到波罗的海、莱茵河流域之间的广大地区。匈奴为崇龙的民族，加之其社会的落后和剽悍的游牧民族性格，因而在征服异族的过程中，免不了滥杀无辜和大肆抢掠。至今欧洲语言中的"龙"都为凶恶、残暴等意，或许与这段历史有关。从此以后，欧洲人崇尚斩龙的人，神话和文学作品也讴歌杀龙的勇士。甚至，在古代的西方，将龙的形象用于徽章、军旗和盾牌上。在诺尔曼人入侵以前，英国皇家徽章即为龙图案。到 20 世纪，威尔士王子的军服徽章也使用了龙形象。

在古代，西方人对于东方的了解是异常可怜的。他们认为东方富足异常，但难以得到其财富，因为那里有条凶恶的龙在看守着珍宝，从而使早期欧洲人观念中的龙大都与守护珍宝有关。有则希腊传说道：黑海东岸的科尔喀斯国有金羊毛，由一条永不睡眠的龙在守护着。伊阿宋本是古希腊一个城邦的合法继承人，但王位被他的叔父篡夺了，叔父要他取回金羊毛来才肯把王位还给他。在众神的帮助之下，伊阿宋渡过大海。在国王女儿美狄亚的帮助之下，伊阿宋利用巫术使永不睡眠的龙昏睡了过去，终于把金羊毛从橡胶树上取了回来。一个古代雅典陶瓶上的纹饰，所表达的便是这个传说，其龙形象为长着胡髯的大蛇（图33）。

图33 雅典陶瓶纹饰

与欧洲人相比，中亚细亚地区对待龙形象的态度则呈现了多种色彩。据报道，"土库曼加盟共和国发现了三千年前的马尔古什国遗址，有十几间房屋，周围有一道厚达四米的砖坯围墙。有两座直径 4～7 米的圆形祭坛。坛上有陶制祭品，上绘人、牛、骆驼和猪。还有画着神牛与龙搏斗的护身符。"①土库曼在里海东岸。三千年前，这里的人即以神牛与龙搏斗的形象作为护身符，其意义如何，现在实在难以推测了。不过，有一点可以肯定，早在周成王、周穆王时代（公元前1115—公元前947年），我国先民所创造的龙俗文化即可能已传播到中亚西亚地区。

到 14 世纪以后，中亚西亚地区已具有浓厚的龙文化习俗色彩了。对此，沈福伟的《中西文化交流史》说，14 世纪以后，"中国式的龙、凤、麒麟成为伊朗流行的装饰画题。1322年，不赛因汗所建法拉明大清真寺门上就画有龙像。各种手抄本的周边也常见有龙。巴格达城的驱邪门建于 1225 年前，在门的拱形上有龙的凸雕。各种绘画中，也常有龙的装饰。"1255 年，正值庞大的蒙古帝国建立之后，欧亚非大陆开始进入了一个新的文化交流期，因而中亚西亚在此时流行龙的装饰则不是偶然的了。

不过，近代以来，欧洲人对龙的看法似乎已有所转变，

---

① 《苏联发现三千年前古国遗址》，《解放日报》1985 年 8 月 6 日。

并逐渐喜欢起龙来了。1986年3月4日，新华社记者从布加勒斯特发出一份报道："二月底的一个晚上，在罗马尼亚首都布加勒斯特市中心的雅典音乐厅里，一位中年女子身穿饰有金龙腾飞图案的黑色裙服，走上了舞台，……她来主持艺术欣赏晚会，介绍中国艺术对欧洲的影响。"这表明，外国朋友已把金龙腾飞作为中国的象征了。

世界各国之间的文化交流即是如此，只有当某种文化的内涵被这个国家的民众所接受和认同之后，这种文化习俗便会悄然兴起。1985年2月中旬，在著名的水上城市威尼斯市所举行的每年一度"狂欢节"上，破天荒地出现了中国的舞龙灯表演。为了准备这次表演，威尼斯人从与之结为友好城市的苏州市请去4名师傅组成"舞龙灯教练小组"，负责传授舞龙技艺。这个教练小组带去一条11节的黄龙，以及舞龙所穿的中国民族服装30套、伴奏用中国锣鼓一副，使这次舞龙灯表演得异常成功，为威尼斯的狂欢节增添了无限的喜庆气氛。

德国人对中国龙也相当感兴趣。1984年10月1日，当德国人刚刚从电视荧屏上看过四川铜梁县舞龙队在中华人民共和国成立35周年庆典上的精彩表演后，竟情不自禁地要求订购"铜梁龙"。这表明，欧洲人被龙所具有的欢腾神韵折服了。

最能令西方人倾倒的是中国人的龙舟竞渡。现在，龙舟竞渡作为一个传统的体育竞赛项目已经传遍世界各地。自1976年起，被称为"东方之珠"的香港每年都在端午节前后举行一次国际龙舟邀请赛。参加邀请赛的国家以亚太地区为主，但也不乏西方人的身影，如欧洲的英国业余划艇会、意大利罗马队、丹麦划艇会、挪威奥斯陆龙舟队等，加拿大温哥华队、美国龙舟协会等地也都派队参加过比赛。这说明，龙舟竞渡所蕴藏的奥林匹克精神已经得到了西方人的认同，开始变成各国人民友好交往的一项重要体育活动。

龙凤文化在向东方传播的过程中，几乎没有遇到任何阻力便成为朝鲜、日本、东南亚各国乃至美洲的一种重要风俗文化。在朝鲜，龙凤艺术极为盛行。在集安高句丽古墓葬中的壁画上，即绘有伏羲女娲图以及青龙、白虎、朱雀、玄武等图案。可见，龙凤文化对朝鲜影响的历史已经相当久远了。

在东南亚各国，龙凤文化的传入也较早。例如，在越南、柬埔寨、泰国、菲律宾、印度尼西亚、马来西亚等国，其龙的形象即具有我国长江流域龙文化的某些特征：头较大，有的类似牛或狮子头；腹粗、足小、鸟爪、尾大，很像蟒蛇。这些国家的凤鸟形象，除丹凤之外，便是白色凤鸟。在这些国家的建筑、绘画、雕刻、装饰等工艺美术中，以及在舞龙、龙舟竞赛等民俗活动中，可以随时见到龙凤形象。东南亚各国所具有的龙凤艺术似乎与我国长江以南地区没有多大差别的现象说明，大量的人口迁移活动能使某种民俗在其侨居区生根发芽，并对这些地区的民俗发展产生重大的影响。

我国的东邻日本，龙凤文化似乎特别盛行。不过，就出土文物而言，日本少见我国先秦时期的龙凤形象，多为汉唐及其以后时期的。这表明，汉唐是龙凤文化传播日本的高峰时期。而且，值得注意的是，龙凤文化在日本似乎没有发生多大的变异，基本上保持了其传入时的面貌。据研究，在图像上，除了天鼋变异为簑龟、螭吻变异为鸱尾、凤凰趋向于返祖型燕子外，其他龙凤形态，如踆乌、玄武、鸡凤、三爪龙、火龙、应龙、龃眬等，大都保持了传入时的风格（图34）。例如凤鸟，在唐代即传入日本，不仅其造型未发生多大变异，即使其名称也一直被称为"唐凤""唐草（卷草缠枝）"等，其形象与西安碑林石碑凤鸟、永泰公主墓石棺线刻凤鸟几乎没有什么区别。

图 34　①日本室町时代苍龙

②日本奈良时代苍龙

③日本藤原时代苍龙

④日本正安年间苍龙

⑤日本江户时代凤鸟

⑥日本室町时代凤鸟

　　甚至，日本人对龙凤文化含义的理解也是从中国移植过去的。一个日本人说，"村里人都相信池塘里住着专司治水的龙王。还有这样一个传说：古时候有一个大旱之年，村里人祈雨时龙神显灵，龙对村里人说，要把你们村里的一个姑娘嫁给我，我就给你们下雨；村里的人诚惶诚恐，把村里最漂亮的姑娘嫁给了龙神，没多久就下了雨。类似这样的传说，在《日本书纪》《太平纪》中也多有记载。"① 这种似我国河伯之类的传说被原封不动地移植到日本龙凤文化中的现象，说明日本在接受汉学的过程中，确实有过囫囵吞枣、饥不择食的现象。

而且，有一种似乎令人难以解释的现象是，龙凤习俗在东亚一些国家的兴盛程度，甚至在某些方面超过了其发源地。例如，在南洋各国对龙的崇拜性信仰甚至超过了理智的限度。1988 年正逢夏历龙年，新加坡上至国家总理，下至百姓，都把龙年行大运看得极重。一家公司在招聘营业经理时甚至规定，只有 36 周岁属龙的人才符合最起码的应聘资格，因为这家公司相信，属相为龙的经理能给企业带来好运。淡滨尼新镇举行祭神仪式时，专门制作了 3 支高 11 米、各重 1 吨的巨型擎天柱般的蜡烛，每支蜡烛都装饰了一条金龙，可连续 12 个昼夜燃烧，象征着飞龙升天。该年，新加坡还制成了长达 136.84 米的巨型舞龙，因是世界上最长的舞龙而被列入当年的

---

① 〔日〕大龙贞一：《日本的龙神》，《经济日报》1988 年 4 月 24 日。

吉尼斯世界纪录大全。这种现象的发生，不仅说明民俗在某次生中心较其发源地有着更优越的发展条件，而且说明漂泊世界各地的炎黄子孙，思念故土的拳拳之心一天也没有冷却过。

当然，在龙凤文化的传播中，确实存在着一些至今难以解开的谜团。其中，关于美洲土著印第安人所奉行的龙凤习俗，则是一个最让人难以回答的问题。

有的学者在将中国的龙凤与美洲古印第安人的龙凤进行了对比研究后指出，古印第安人的"蛇"即中国的"小龙"——蟠龙；"羽蛇"，即中国的应龙；用于负重的龟，即中国的龟蚨龙；古印第安龙的各部分，如牙、角、舌、须、眼、尾、足、爪、腹节等，与中国龙大同小异。凤鸟亦然。其凤特别注意冠，有些亦注意尾，大体与商凤同。①

目前考古所见美洲的原始龙有两种，一为蠆（大龙），二为螭龙（小龙），俱见于奥尔密克（olmeca）文化遗址中。据研究，该文化兴起于公元前 1000 年左右，被美洲学者认为是印第安文明的摇篮。而公元前 1000 年左右，正值中国的商末周初。此期中国龙的形象主要是饕餮和螭，而饕餮是蠆、螭

① 王大有：《龙凤文化源流考·中国美洲龙凤艺术比较》。

与鸮的一种特殊形式。从其形象上看，两者有着较小的差异。这表明，美洲的原始龙自其发轫之际，就已达到了较高的水平，开始与我国商周之际的龙不仅在时间上，而且在形象及表现手法上有着相似之处。难道，历史真的有如此惊人的相似？

在中国，有天人合一观念，有龙为天子的象征。在美洲，有印第安人的人龙合一祖先像，其祖先神被称为凯察尔柯特尔，本意为"可尊敬的外来人"①，亦是印第安人在世的部落酋长的自称，其形象为羽蛇神（图35）。难道，大洋两岸古老居民的思维也曾有过不谋而合的惊人相似之处？

图35　印第安人龙合一祖先像

在中国，有炎帝小女名精卫，状鸟，火化而成仙为白鹤的传说。在美洲，有凯察尔柯特尔入火涅槃为风神，返祖为头戴尖锥形帽、嘴如鸟喙形象的凤鸟。难道，天各一方的两

---

① 朱谦之：《扶桑国考证》第93页，商务印书馆1941年版。

个古老民族在信仰上也有着不谋而合的惊人相似?

在中国,有"汤谷之上有扶木,一日方至,一日方出,皆载于乌"的传说(《山海经·大荒东经》),有直至汉代仍然流行的大量扶桑图。在美洲,有玛雅人水神居下,龙形,中立一人,鸟喙,为人格化太阳鸟,上为太阳的日出扶桑图。难道,太平洋东西两岸连扶桑的图形神韵都有着不谋而合的惊人相似?

在中国,有着人龙合一、人凤合一的求子生育观念,其代表作便是伏羲女娲交尾图。在美洲,有印第安人的祖先交媾像,连手中所执之物都有着一定的相似性(图36)。难道,远隔数万里的远古居民连种族繁衍信仰都有着不谋而合的惊人相似?

①   ②

图36   ① 为印度安人交媾祖先图

           ② 为汉代伏羲女娲交尾图

在中国，有着独特的方块汉字、古钱、古雕刻等等。在美洲，墨西哥境内曾出土过汉文"大齐田人之墓"碑，秘鲁出土过汉文"太岁"碑，厄多尔出土过王莽时期的货币，墨西哥出土过正面汉字"明月照松间"、背面图形为"鲤鱼跳龙门"的汉玉璧（图37）。难道，这些也能用历史的惊人相似和偶然巧合去解释？

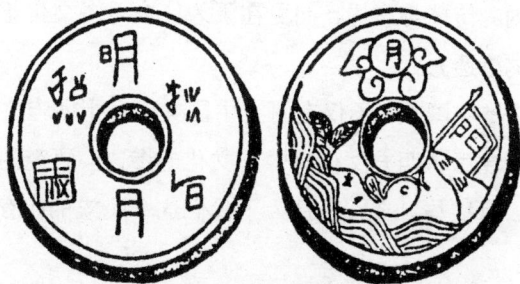

图 37　美洲发现的汉字

美洲的历史文物似乎表明，自商周至汉代乃至隋唐期间，有着龙凤文化的中国人都曾经到达过美洲并使美洲的印第安人打上了龙凤文化的印记。

这确实是个令人感兴趣而又重要的问题。

但是，这个问题至今还没有定论。因为还有着众多的疑难问题没有得到解决，其中一个最主要的问题便是，唐代以前的中国人是凭着何种手段远涉浩瀚的太平洋而将龙凤文明播撒到美洲的？因此，在没有取得足以令人折服的全方位确凿证据之前，对于这样一个世界范围内的文化交流问题，明智而谨慎的态度应该是宁可信其无而不信其有。

但是，美洲大陆曾经存在过的龙凤文化现象毕竟太诱人了。其诱人之处，并不单单在于表明了中国龙凤文化在世界范围之内的传播与渗透，而更在于为什么习俗文化竟具有如此强大的渗透力。

当今的中国人，不仅在研究中国文化对于西方文化的影响，而且在思考西方文化对中国文化的渗透。研究两种文化的交流、碰撞与融合，正是为了我们这个民族的生存、发展和繁荣。

后 记

撰写完此书稿，心中如释重责，又添新忧。

说如释重责，一在于自己多年积累的有关龙凤习俗的资料得到了系统性宣泄，终于把那长期淤积胸中的一些看法吐了出来，使原来写过的几点小东西连缀在一起，缝成了像百衲衣一样的东西奉献给读者；二在于完成了几位学长所交代的任务，按时送稿编审，也总算没有食言而"不辱使命"吧。

但是，就是因为这是一本书，是一本要奉献给读者看的书，我才感到顾虑重重。对读者，要对得起，要把书写得认认真真，要字斟句酌，精雕细刻，直至把书雕成一件完美的艺术品方觉心安。否则，浪费了读者的时间和精力，那真是天大的犯罪，是一个为学者的失职和败笔。

为对得起读者，自己总想做个认真而又认真的人，但做个认真的人又是那样的难。因而，一心扑在治学上，寒冬酷暑，没白没黑，忘掉了几月几日星期几。"不知天上宫阙，今夕是何年"，只知乐在其中矣。

但是，终究自己学浅识陋，能力有限。因而，一大堆龙凤文化材料，总担心选择得不到家，害怕奉献给读者的不是最美的龙凤；一肚子话要说，总顾虑难以把观点表达得恰如其分，难以把画龙点睛之作捧到读者面前。在此，谨请读者批评教正。

陋室僻壤，学浅识乏，幸得几位师长、友人的无私帮助方能玉成。在此书撰写之际，作者曾得到过山东教育出版社刘连庚先生、山东大学叶涛先生的指导和帮助。关洪刚、桑庆中等同学也不顾时间紧张，帮助作者誊抄稿件。在此，一并表示谢忱。